SENF

Eine kulinarische Verführung

Renate Kissel

SENF

Eine kulinarische Verführung

genießen pur
mit UMSCHAU

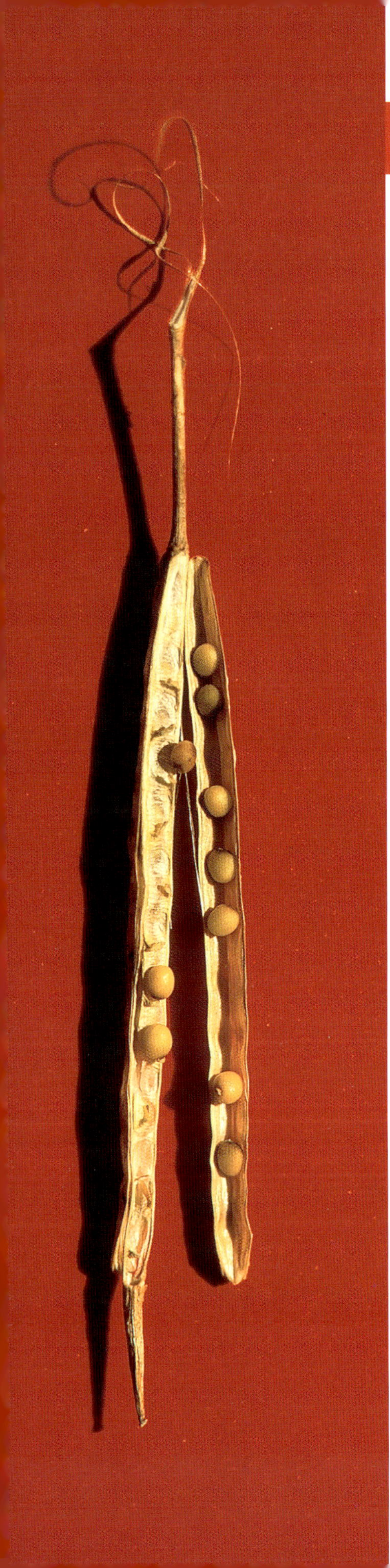

Impressum

Die Ratschläge in diesem Buch sind von der Autorin und dem Verlag sorgfältig erwogen und geprüft worden, dennoch kann eine Garantie nicht übernommen werden. Eine Haftung der Autorin und des Verlags für Personen-, Sach- und Vermögensschäden ist ausgeschlossen.
Soweit in den Rezepten nichts anderes vermerkt ist sind die Zutaten für 4 Personen berechnet!

Bildquellen:
Guido Breuer, Historische Senfmühle Monschau, S. 6
Düsseldorfer Löwensenf GmbH, S. 4
Fa. Karl Kühne, Hamburg, Titel u. S. 13
Kurt Steinhausen, S. 9, Mühlencenter Birgel

Alle anderen Fotos: Chris Meier, Stuttgart

Gestaltung und Typografie nach den Vorgaben von
Juhu Media, Susanne Dölz, Bad Vilbel

Satz und Litho
Collibri Prepress GmbH, Königswinter

Druck und Bindung:
Egedsa, Sabadell

Printed in Spain

ISBN 3-8295-6430-9

Besuchen Sie uns im Internet:
www.umschau-buchverlag.de

Inhalt

Senf – eine kulinarische Verführung

Senfgeschichten

Würstchen mit Senf – das ist mit Sicherheit eine feine Sache, aber sollte das wirklich schon alles sein? Das Senfkorn spielte bereits in früheren Zeiten eine große Rolle. Es war das Gewürz der kleinen Leute. Jeder konnte es sich leisten, wenn er es nicht sogar selbst im Garten anbaute.

Im alten Ägypten, Indien und Asien, auch in der biblischen Überlieferung, war das Senfkorn ein Symbol für die Fruchtbarkeit. Matthäus berichtet: „Das Himmelreich ist gleich einem Senfkorn, das ein Mann nahm und säte es auf seinen Acker, welches das kleinste ist unter allen Samen; wenn es aber gewachsen ist, so ist es größer als alle Sträucher und wird ein Baum, dass die Vögel unter dem Himmel kommen und wohnen in seinen Zweigen." Nicht nur seine Würze, auch die heilenden, diätetischen und konservierenden Eigenschaften wurden geschätzt.

Sprachforscher gehen davon aus, dass das Wort Senf seinen Ursprung im Sanskrit, der alten, kultivierten Hochsprache Indiens hat. Theophrastos, der griechische Philosoph und Naturforscher erwähnt etwa 350 v. Chr. in seinem Pflanzenbuch „Sinapsis" – Senf dient der Stärkung und Belebung der Organe oder der Bereicherung abgeschmackter Speisen.

Auch in Rom wusste man ihn zu schätzen: Um die Zeitwende verwandte der römische Feinschmecker Marcus Gavius Apicius in vielen seiner überlieferten Rezepte Senf, so zum Beispiel in Dattelsauce, zu Gebratenem, Strauß, Ente, Rebhuhn, zu Puffbohnen und mehr.

Wenn man Plinius, dem Jüngeren glauben schenkt, war die Stadt Alexandria Umschlagplatz und berühmt für ihren Senf. Im ersten Jahrhundert nach Christus schrieb er in einem seiner vielen Briefe, dass der Senf einen so scharfen Geschmack habe, dass er wie Feuer brenne. Die Redensart: „seinen Senf dazugeben", in eine Unterhaltung bissige, scharfe Kritik einwerfen hat also durchaus einen geschmacklichen Ursprung. Auch Plinius der Ältere, Verfasser der „Naturalis historia", erwähnt, dass der Senf in seiner Wildform zu

Blühender Senf in der Eifel

verschiedenen Zwecken gesammelt wird.
Mit den Römern breitet sich der Senf über Gallien weiter nach Germanien aus. Von Palladius, dem gallischen Kirchenmann und Schriftsteller, ist uns aus dem vierten Jahrhundert das Rezept einer würzigen Paste überliefert: Senfkörner und Honig werden mit Olivenöl und weißem Essig gemischt, das zu vielen Speisen, mit Vorliebe zu Fisch, gegessen wird. Eine Sauce, genannt muria besteht aus Senf und gesalzenem Thunfisch. Die Legionen der Römer und danach die Franken sorgen für die Kultivierung des Senfs in Mitteleuropa. Als Sinape wird er in Capitulare, den Anbauvorschriften für die Staatsgüter Karls des Großen erwähnt. Im Mittelalter sind es die Wein anbauenden Klöster, die sich auch mit der Senfherstellung befassen und Wein oder Essig als Säurebasis dazu verwenden.
Mit der Verbreitung exotischer Gewürze, die portugiesische Seefahrer wie Vasco da Gama gegen Ende des 15. Jhs. aus dem Osten einführten, rückte der Senf in den Hintergrund. Später widmeten sich die Hersteller von Essig und Saucen in ihren Betrieben der Produktion von Senf. Für Burgund bzw. Dijon ist sie Aushängeschild geworden.

Senf ist nicht gleich Senf

Es gibt viele nahe verwandte Arten. Hauptsächlich sind drei Sorten für die Verwendung in der Küche von Interesse:

Weißer oder gelber Senf

Fam.: crucifera (Kreuzblütler), Sinapis alba
ist in Kanada, Osteuropa und vereinzelt auch in Asien heimisch; in Ländern mit gemäßigtem Klima – warm und trocken in der Reifezeit. Die Pflanze wird etwa 80 Zentimeter hoch und professionell angebaut. Die Samen, eher von hellgelber Farbe, sind mit 2 – 2,5 mm Durchmesser größer als die der schwarzen oder braunen Sorten. Sie sind anfangs milder; erst nach einiger Zeit tritt der brennend scharfe Geschmack auf.

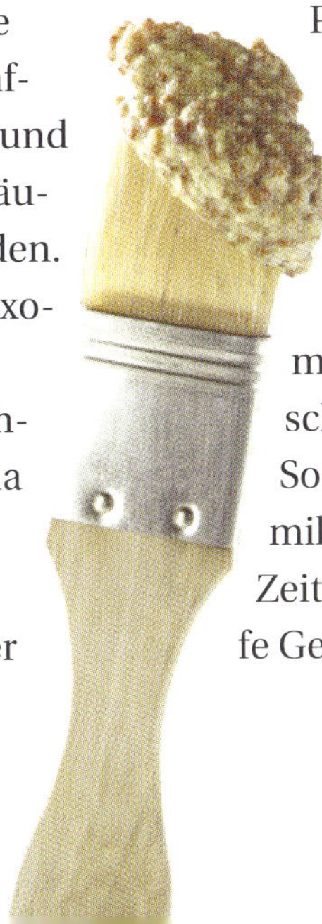

Schwarzer Senf

Brassica nigra
stammt ursprünglich aus Südeuropa und Westasien. Wegen seiner großen Höhe von über zwei Metern, ist er für den Einsatz von Erntemaschinen ungeeignet. Daher wird er vorwiegend bäuerlich angebaut, etwa in Süditalien und Äthiopien. Seine kleinen rundlichen schwarzen, eher rotbraunen Samen, mit einem Durchmesser von etwa 1,2 mm besitzen einen aromatischen, stark beißenden Geschmack. Das lässt sich mit einer Kauprobe feststellen, nachdem sich die zerkleinerten Senfkörner mit dem Speichel vermischt haben.
Schwarzer Senf wurde durch braunen Senf aus Großkulturen Kanadas verdrängt. Die Samen sehen sich sehr ähnlich.

Senf – eine kulinarische Verführung

Juncea- oder Sareptasenf

Brassica juncea
Die Stammpflanze dieser Senfart kommt wahrscheinlich aus Ostasien und später aus dem Orient. Von dort aber auch von Kanada, Osteuropa, Russland sowie Afrika bezieht der Gewürzhandel die Sareptasenfkörner. Die Größe der Pflanze liegt mit 1,2 bis 1,5 Metern Höhe zwischen alba und nigra und ist für maschinelle Erntemethoden bestens geeignet. Die Samen haben etwa einen Durchmesser von 1,5 mm. Ihre Schärfe ist etwas milder, das Aroma nicht sehr kräftig. Beim Kauen schmeckt das Senfkorn zuerst leicht bitter, dann scharf und aromatisch. Die Küche der Neuen Welt bevorzugt das gelbe Senfpulver aus dem Samen des weißen Senfs.

Kleine Wortkunde

Die Römer haben vornehmlich von garum, liquamen und muria gesprochen, wenn sie mehr oder weniger fade Speisen geschmacklich aufbessern wollten.
Das griechische Wort sinapsis für eine Pflanze mit scharfen Samenkörnern war ihnen wohl bekannt. Sie vereinfachten den Begriff zu „sinapis". Mit Most hergestellt, nannten die Römer ihn mustum ardens – brennender Most, also Most, der auf der Zunge brennt. Daraus leitet sich die französische Bezeichnung moutarde, die englische mustard, die deutsche Mostrich und die spanische mostaza ab. Aus sinapis leiteten die Germanen im Laufe der Zeit die Ausdrücke senipf, senif, senef, senpf, senffe, schenff, senft, in denen das heute gebräuchliche Wort Senf erkennbar ist. Im Französischen klingt der Ursprung in dem Wort sénevé und im Italienischen senapa an. Wer weiß eigentlich noch, was das griechische Wort zum Ausdruck bringen will? Es bedeutet soviel wie: „Was den Blick trübt". Wer einmal eine Senffabrik besichtigt hat, wird das verstehen. Da können einem schon leicht die Tränen kommen.

Anbau und Ernte

Senfpflanzen benötigen kalireiche Böden. Früh hat man erkannt, dass sie auf Brandrodungsland und auf Flächen mit Holzkohlenmeilern gut gedeihen. Durch den Anbau von

Senf verfügten die Köhler über einen kleinen Zusatzverdienst. Fliegende Händler nahmen die Ernte ab und verkauften sie an Mühlen und Senfher-

In vielen Senfmühlen kann man sich über den technischen Ablauf der Senfherstellung informieren. Auch Kinder sind immer willkkommen.

stellungsbetriebe. Mit den Köhlern verschwand auch der Anbau von Senf, der für Bauern nicht rentabel genug schien.
Heute werden etwa 95 Prozent der Senfkörner importiert. Der Hauptanteil kommt aus Kanada, wo auf riesigen Hochebenen extensiver Senfanbau betrieben wird. Ein kleiner Rest wird aus den Vereinigten Staaten, Dänemark, Schweden, Ungarn und Rumänien eingeführt. Günstig wirkt sich das schnelle Wachstum der Senfpflanze aus: Sie benötigt für die Reife nur einen kurzen Sommer. Die Ernte der Senfschoten muss beginnen, bevor die Schoten platzen, die Körner jedoch schon eine gewisse Reife besitzen. Anschließend werden die Garben zum Trocknen gelagert und dann erst gedroschen.

Vom Senfkorn zum Gewürz

Früher hieß es: „Wer nicht würzen kann, tut Senf dran". Auch wenn wir/ich das Sprichwort mit diesem Buch nach Kräften widerlegen wollen/will, so zeigt es doch zumindest, wie beliebt und weitverbreitet das Gewürz war. Damit es nicht immer beißend scharf schmeckt, wenn „man seinen Senf dazu gibt", genießt er von jeher eine besondere Behandlung. Ganze Körner werden beispielsweise zum Einlegen von Gurken verwendet. Geschrotete, gemahlene oder pulverisierte Körner finden in der Küche vermischt mit Flüssigkeiten bei Saucen und Marinaden Anwendung, aber vor allem bilden sie die Grundlage zu Speise- oder Tafelsenf.
Aus weißen oder schwarzen Senfkörnern wird durch Auspressen oder Extraktion ein weitgehend der Zusammensetzung des Rapsöls ähnliches würziges Senföl gewonnen, das in Teilen Indiens und Chinas sehr häufig als Speiseöl verwendet wird. In ganz Indien legt man Gemüse in Senföl ein.
Senfkörner enthalten außer etwa 30% Senföl sowie etwa 28% Eiweiß, ferner Traubenzucker, Spuren von Vitamin C, Mineral- und Bitterstoffen.
Wer schon einmal Senfkörner zerbissen hat, wird sich gewundert haben, dass es nicht sofort scharf nach Senf schmeckt. Seine Schärfe verdankt der Senf dem Senföl, das in den trockenen Senfkörnern oder dem trocken gemahlenen Senfmehl so nicht vorkommt. Es entsteht erst dann, wenn die Inhaltsstoffe der Senfkörner mit Wasser

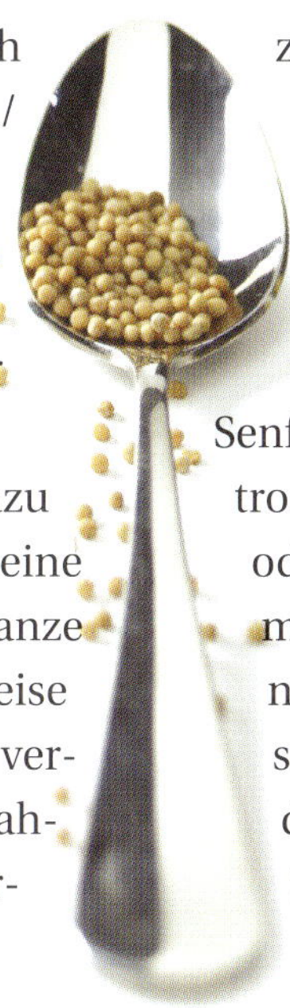

Senf – eine kulinarische Verführung

in Berührung kommen. Dann spaltet das ebenfalls im Zellgewebe der Senfsaat enthaltene Enzym Myrosinase aus den in der Saat enthaltenen Senfölglucosiden (Sinalbin bei der Gelbsaat und Sinigrin bei den beiden anderen Sorten) verschiedene, den scharfen Geschmack bewirkende Senföle. Während die Gelbsaat einen eher würzig-scharfen Geschmack entwickelt, sind die beiden anderen Saaten deutlich schärfer. Deshalb ist die Mischung der verschiedenen Senfsaaten ein gut gehütetes Geheimnis jedes Senfherstellers, um den jeweils einzigartigen Geschmack zu sichern. Um das Enzym freizusetzen ist ein Mahlvorgang nötig. Ganze Körner sollten daher nur dort zum Würzen verwendet werden, wo sie Zeit haben ein würzendes Aroma zu entwickeln, beispielsweise beim Einlegen. Die Schärfe tritt hier wegen der intakten Zellwände nicht auf. Durch Wärmeeinwirkung vermindert sich die Würzkraft, da die Enzyme inaktiviert werden, beziehungsweise die Schärfe verflüchtigt sich bei längerem Kochen. Aus diesem Grund sollte Senf nicht erwärmt werden. Daraus ergibt sich die Regel, dass Senfkörner geschrotet oder gemahlen nur mit kaltem Wasser angerührt und vor Gebrauch etwa 15 Minuten ruhen sollten. Diese Reifezeit wird benötigt, um die anfängliche Bitterkeit der Glucoside abzubauen und die Schärfe zu entwickeln. Danach kann Salz, Essig oder eine andere Flüssigkeit der Schärfe nichts mehr anhaben. Schon in der Antike wird auf dieser Basis Senf zu einer Art Speisesenf, allerdings in der Konsistenz einer Knetmasse, verarbeitet und in der Küche verwandt.

In **Frankreich** begannen mit der Zeit die Hersteller von Essig auch Speisesenf zu fabrizieren. Im 13. Jahrhundert gab es in Paris bereits zehn Senfhersteller – moutardiers. Im 14. Jahrhundert bildete sich eine Zunft, die einen trockenen Senf in kleinen Stücken verkaufte, der dann nur noch in Essig aufgelöst werden musste. Nach und nach bildeten sich in Frankreich Senfzentren. In Orleans schwor man auf die Verwendung von feinem Essig, in Bordeaux auf die Zubereitung mit schwarzen Senfkörnern und aromatischem Tarragona-Wein. Die Herzöge von Burgund, die in Dijon residierten, verstanden es schon sehr früh, dem Produkt Senf eine besondere Note zu verleihen. Außerdem setzten sie Kontrolleure ein, die über die Qualität der Erzeugnisse wachten. Die produzierten Mengen müssen enorm gewesen sein. Über ein Festmahl, das der Herzog Eudes von Burgund zu Ehren des Königs Philipp VI., dem Kühnen, im Jahre 1336 gab, lassen die Rechnungsbücher einen Verbrauch von 70 Gallonen, das sind umgerechnet etwa 300 Liter, erkennen. Aber erst als ein junger Mann namens Jean Naigeon um 1752 den Essig durch einen Most aus unreifen

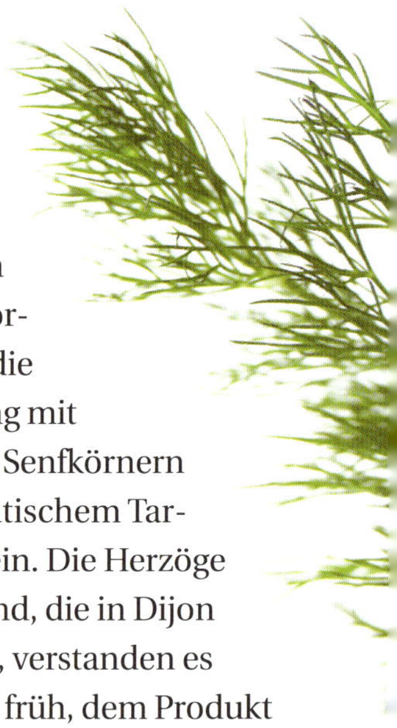

Trauben, verjus mit einem besonderen Säuregehalt ersetzte, erwarb der Senf aus Dijon seine Berühmtheit über die Region hinaus. Dabei ist „Senf aus Dijon“ keine Herkunftsbezeichnung, sondern die Garantie eines Herstellungsverfahrens. In einer Verordnung von 1937 wird per Definition festgeschrieben, dass es sich um einen breiigen Senf handelt, der aus gesiebten Produkten hergestellt wird und aus mindestens 28 Prozent Trockenmasse besteht. Das Geheimnis liegt also auch im Siebvorgang. Etwa 85 Prozent des französischen Senfs sowie etwa die Hälfte des Weltbedarfs wird in Dijon und Umgebung hergestellt.

Die Herstellung von Tafelsenf

Die hauptsächlich aus Kanada eingeführten Senfkörner werden heute von den Seehäfen mit Spezialkesselwagen auf dem Landweg zu den Fabriken befördert. Früher ging es gemächlicher zu. Noch Ende des 19. Jahrhunderts wurden als Transportwege hauptsächlich Kanäle benutzt.

Nach Kontrolle und Säuberung wird durch Walzen die Schale gesprengt, damit der Kern besser mit Wasser, Salz und eventuell Branntweinessig reagieren kann. Dieser Misch- und Einweichvorgang dauert einige Stunden. Danach wird gewogen, eventuell weitere Gewürze zugegeben und wieder gemahlen. Eine Schleudermaschine trennt die groben Schalenteile von dem Teig, der dann zwei bis drei Tage reifen muss, bis die anfängliche Bitterkeit verschwindet und der Senf seine endgültige Schärfe gewinnt. Im Vakuum wird dann der Teig homogenisiert, das heißt von Luftbläschen befreit. Sie würden zur vorzeitigen Oxidation führen. Bevor der fertige Senf in Gläser oder Töpfe für den Versand abgefüllt wird, lässt man ihn noch einmal mehrere Tage in großen Fässern ruhen.
Die Vielfalt der Tafelsenfsorten ist enorm.
Die Herstellungsverfahren sowie spezielle Zutaten und Gewürze wie Pfeffer, Chili, Kurkuma zum Gelbfärben, Kräuter, Zitronensäure, manchmal auch Antioxidantien – bei schwarzem oder braunem Senf, also den scharfen Sorten, nicht notwendig – sorgen für eine große Palette, bleiben jedoch oft ein Geheimnis der Hersteller.
Bisher wurde in **England** und den **Vereinigten Staaten** tra-

Einige bekannte Senfsorten

Moutarde de Dijon	heller, feiner Senf mit Schärfe
Moutarde à l'ancienne	grobkörniger Senf auf traditionelle Art
Moutarde à l'estragon	Senf mit Estragon
Moutarde à l'échalotte	Senf mit Schalotten
Moutarde au poivre vert	Senf mit grünem Pfeffer
Moutarde au miel	Senf mit Honig
Moutarde de Champagne	grobkörniger Senf, mit Wein aus der Champagne, milder Charakter
Moutarde au Crème de Cassis	feiner Senf mit Fruchtaroma
Bordeaux-Senf	grobkörniger dunkler Senf

Senf – eine kulinarische Verführung

ditionsgemäß Tafelsenf in der eigenen Küche hergestellt. Dazu kam das in aller Welt berühmte Senfpulver Colman's Mustard gerade recht. Anfang des 19. Jahrhunderts begann ein junger Müller aus dem britischen Norwich, Jeremiah Colman, mit der Herstellung von allerfeinstem Senfpulver ohne Schalenreste aus schwarzen und braunen Senfkörnern. Manchmal auch mit einer geringen Menge weißer/gelber Senfkörner sowie mit etwas Weizenmehl. Das Weizenmehl bewirkt eine Verbesserung des Geschmacks durch teilweise Absorbtion des Öls. Je nach Geschmack und eigenem Gutdünken entsteht daraus, mit kaltem Wasser, feinem Essig, Wein, Bier oder Port angerührt, nach etwa 15 Minuten Ruhezeit eine Paste von reiner Qualität und Schärfe. Der Speisesenf Savora wurde Anfang des 20. Jahrhunderts in England entwickelt und heute in Norwich hergestellt. Mit Milde und Aroma erfreut er sich besonders in Südamerika großer Beliebtheit. Ein anderer britischer Speisesenf auf Basis von weißen bzw. gelben Senfkörnern, mild und süß, ist in den Vereinigten Staaten gefragt, zum Beispiel für Hot dogs.

In den **USA** spielt Senf eine große Rolle unter den Gewürzen. So wird im Januar jeden Jahres im Napa Valley, Kalifornien ein in der Welt einmaliges Mustard-Festival gefeiert, zu dem Senf aus aller Welt präsentiert wird.

In **Deutschland** gibt es eine große Zahl von Speisesenfsorten, landläufig auch Mostrich oder Mostert genannt. Hervorzuheben sind davon besonders zwei Typen: der Düsseldorfer Löwensenf, ein heller Senf, der es in Schärfe und Aroma mit dem Dijon-Senf aufnehmen kann, und der bayerische mild-süße Speisesenf, der in Süddeutschland zur Weißwurst gehört. Dieser enthält grob-geschrotete braune Senfkörner und bis zu 20 Prozent braunen Zucker. Da er mit heißem Essig angesetzt wird, wodurch die ätherischen Öle zum Teil vernichtet werden, schmeckt er erheblich milder und süß.

Ganz im Gegensatz der Extra aus Düsseldorf. Er besteht ausschließlich aus braunen Senfkörnern, Branntweinessig, Wasser und Salz und hat eine rein natürliche Schärfe.

Der mittelscharfe Senf wird aus weißen bzw.gelben und aus braunen Senfkörnern hergestellt. Er ist besonders geeignet zum Grillen und Kochen.

Darüber hinaus werden von Herstellern und im Besonderen einigen Senfmühlen auf traditionelle Art eine große Palette von Speisesenfsorten in hoher Qualität angeboten, die keinen Wunsch offen lassen.

Senfkörner nicht nur ein Gewürz

Senf ist ein uraltes Gewürz, wobei das heutige Küchengewürz kultivierte Arten sind, die wir den orientalischen und antiken Völkern verdanken. Geschätzt wird dabei bis heute nicht nur der besondere Geschmack, sondern auch seine positiven Wirkungen auf Befinden und Gesundheit. Heute weiß man, dass Senf ein gesundes Gewürz ist. Aber auch für den Speisesenf gilt: Zuviel kann schädlich sein – auf die Dosis kommt es auch hier an. Senf erhöht den Blutdruck, regt den Appetit an und fördert die Verdauung. Vor allem macht er fette Speisen verträglicher. Das im Senf enthaltene Senföl regt die Absonderung der Magen- sowie Gallensäfte an. Einige reife weiße Senfkörner, unzerkaut auf nüchternen Magen geschluckt, helfen bei Verdauungsstörungen. Ein paar schwarze Senfkörner sollen einer Erkenntnis der Antike zufolge dem Gedächtnis wieder auf die Sprünge helfen.

Senf – eine kulinarische Verführung

Den Senfölen wird eine bedeutende antibiotische Wirkung besonders gegen Erreger von Erkältungskrankheiten zugeschrieben. Außerdem enthalten Senfkörner etwa ein Prozent Schwefel, ein für Haut, Haare und Knorpelsubstanz wichtiges Aufbauelement. Bei Magen- und Darm-

entzündungen muss allerdings auf den Genuss von scharfem Senf verzichtet werden. In früheren Zeiten fanden Senfbäder, -auflagen sowie -umschläge vielseitige Anwendung. Senfpflaster gelten auch heute noch als ein probates Heilmittel gegen Rheumatismus und Arthritis, eine zu lange Anwendung kann jedoch Hautreizungen verursachen.
Senfwickel haben sich bei der Behandlung von Bronchitis bewährt. Dazu werden 1 1/2 bis 2 Esslöffel Senfmehl mit 1 Liter kaltem Wasser verrührt und die Temperatur mit heißem Wasser auf 45 bis 48 °C erhöht. Ein Küchentuch mit der Flüssigkeit benetzt, wird für 8 bis 10 Minuten auf die Brust gelegt und mit einer wärmenden Decke abgedeckt. Bei empfindlicher Haut sollte die Dauer der Anwendung reduziert werden. Danach zugedeckt schließt eine kleine Ruhepause die Behandlung ab.

Küchenpraxis

Auch wenn Mostrich, Mostert, Muster in Ostfriesland oder Tafelsenf gerne ganz unkompliziert zu Bock-, Brat- und Weißwurst, zu warmem und kaltem Fleisch, manchmal zu Käse oder im Rheinland zu Halve Hahn serviert wird – interessanter und vielseitiger ist sein Einsatz in der Küche. Ob in Form von Körnern, Mehl, Pulver oder Speisesenfpasten – ein guter Koch weiß immer das passende Aroma und die richtige Dosis einzubringen. Im übrigen enthält der Tafelsenf außer Senfmehl noch Gewürze, Salz, Essig, Wein meist Zucker usw..

Je nach den Anteilen der verschiedenen Senfmehlsorten entstehen Produkte unterschiedlicher Geschmacksintensitäten.

Scharfer Senf würzt Gebratenes und Gegrilltes, eignet sich zum Einreiben von Braten, außerdem für Saucen.

Mittelscharfer Senf passt gut zu Kochfisch und Eierspeisen. Er eignet sich in der kalten und warmen Küche für verschiedene Senfsaucen, Dressings, Vinaigrettes und Dips. Als wichtiger Bestandteil der Senfmayonnaise wirkt er als Emulgator, als Bindemittel für das Zusammenspiel von Eigelb und Öl.

Milder Senf kann gut bei Salatsaucen, zarten Geflügelgerichten sowie Fisch zum Einsatz kommen.

Mit Estragon, Basilikum, Dill, Minze oder gemischten Kräutern gewürzter Senf passt gut zu Fischsaucen und Vinaigrettes, aber auch zu Gemüse- und Pilzgerichten. Basilikum-Senf harmoniert gut mit Frischkäse und Salaten. **Knoblauch-Senf** eignet sich zum Würzen von Salatsaucen sowie zu Lamm und vielen provençalischen Gerichten. **Senf mit grünem Pfeffer** dient besonders zum Einreiben von Braten und kommt beim Grillen und vielen deftigen Gerichten zum Einsatz.

Honig-Senf passt zu Kräutersalaten wie Löwenzahn oder Rauke, zu Reis- und Pastetengerichten, Geflügel und natürlich zu Desserts.

Chili-Senf peppt Fleisch, Geflügel, pikante Salate und Saucen auf.

Curry-Senf ergänzt pikante Suppen, Gemüse-, Tofu-, Reis-, Fisch- und helle Fleischgerichte, aber auch Eier und Käse.

Crème de Cassis-Senf kann Verwendung finden bei Obstsalaten und Gelees.

Vielseitige **Senfvarianten, die von Senfmühlen kreiert und angeboten werden**, enthalten zum Beispiel Tomaten, Ingwer, Limetten, Orangen, Himbeeren, Johannisbeeren, Äpfel, Meerrettich, Kümmel, Zimt, Nelke, Anis, Koriander und Mohn sowie Kräuter. Diese bieten eine enorme Auswahl, nach eigenem Geschmack zu würzen.
Anstelle der jeweiligen Geschmacksnuancen eines Senfs kann man, wenn der Vorrat zu Ende gegangen ist, sich den speziellen **Senf selbst herstellen**. Dazu nimmt man einen neutralen Senf von gewünschter Schärfe und mischt nach eigenem Geschmack die entsprechenden Zutaten hinzu.
Um Speisesenf oder Mostrich selbst herzustellen werden Senfkörner, meistens die gelben, oder eine Mischung aus gelben und braunen im Mörser zerstoßen oder in einer Handmühle bzw. elektrischen Getreide-Kaffeemühle gemahlen und mit kaltem Wasser zu einer Paste angerührt. Zum Reifen lässt man sie etwa 15 Minuten stehen. Je nach Geschmack fügt man Salz und Zucker hinzu. Das Wasser kann auch durch feinen Essig, Most oder Wein ersetzt werden.

Beim Kochen sollte Senf immer erst zum Ende der Garzeit zugegeben werden. Er darf nur leicht erhitzt werden, weil er sonst an Charakter und Schärfe verliert.
Zur Bereitung von **Senfmayonnaise** nimmt man kein Senfpulver sondern immer einen geeigneten Speisesenf, der das Gerinnen der Emulsion verhindert.

Gelbe Senfkörner eignen sich besonders gut zum Einlegen von Gurken, Bohnen, Sauerkraut, Mixed Pickles, Fisch und Sauerbraten, weil sie mit ihrer konservierenden Eigenschaft zur längeren Haltbarkeit beitragen.

Senf – eine kulinarische Verführung

Zum **Einlegen** von Gemüsegurken gehören neben Dill, Koriander, Ingwer, Meerrettich, Pfeffer, Piment, Lorbeer und Nelken immer auch gelbe Senfkörner.

In **Indien** werden ganze schwarze oder rotbraune Senfkörner sehr kurz in Öl gebraten und Curries sowie Gemüsegerichten zugegeben oder sie werden mit wenig Flüssigkeit im Mörser zerstoßen und mit anderen Gewürzen zu einer Paste verarbeitet. Teilweise werden Sie auch zusammen mit Mohn- oder Bockshornkleesamen als Bindemittel benutzt. Besonders in Bengalen werden sie sehr geschätzt, da sie dort heimisch sind und gut gedeihen. In einigen Teilen Indiens sind auch die Blätter ein beliebtes Gemüse.

Beim **Einkauf** von Speisesenf sollte man darauf achten, dass keine Konservierungsstoffe enthalten sind. Die ätherischen Öle der Senfkörner sorgen bereits für Haltbarkeit indem sie das Wachstum von Bakterien und Pilzen verhindern.

Senf, ob **Pulver oder Paste**, sollten immer gut verschlossen, trocken, dunkel und kühl **aufbewahrt** werden, denn Senf verträgt weder Lichteinwirkung noch Luftkontakt. Auch Wärme beeinflusst seinen Charakter, Aroma und Schärfe.

Senfkörner sollten gut verschlossen in Gläsern mit Schraubdeckeln gelagert werden.

Grünlich-gelbes bis dunkelbraunes **Senfmehl** stammt von schwarzen Senfkörnern; gelbbraunes von Sareptasenfkörnern und gelbes von weißen bzw. gelben Senfkörnern.

Senföl wird durch Auspressen von Senfkörnern gewonnen. Es ist ein fettes Öl – kein ätherisches – von mildem Aroma und Geruch. Zum Kochen benutzen es vornehmlich Inder und Chinesen. Durch Erhitzen gehen keine Aromastoffe verloren.

Senfsprossen aus Senfkörnern können leicht **selbst gezogen** werden. Sie schmecken sehr aromatisch und passen gut zu Salaten, Frischkäse, Omeletts, Geflügel und Saucen. Zum Keimen eignen sich Glasgefäße. Die Senfsamen werden zunächst einen Tag lang eingeweicht. Nach dem Abspülen werden sie in gut gereinigten Gläsern auf dem Boden verteilt, nicht übereinander und feucht gehalten. Mit einem Gazetuch abgedeckt, können sie am Fenster, jedoch nicht in der Sonne, stehen. Die Keimdauer beträgt mehrere Tage. Jeden Tag

müssen sie einmal unter fließendem kalten Wasser gespült werden. Vor dem Verzehr sollten die etwa zwei Zentimeter hohen Sprossen gut gewaschen werden.

Während des Keimens wachsen feine Wurzelhaare mit Aussehen wie Schimmel, sind mit diesem jedoch nicht zu verwechseln. Schimmel, der bei hoher Feuchtigkeit und geringer Belüftung entsteht, kann am modrigen Geruch erkannt werden. Einfacher wird das Keimen mit speziellen Hydrogeräten. Diese praktischen Keimgefäße mit mehreren Etagen werden vom einschlägigen Handel angeboten. Keime und Sprossen sind von Natur aus ein außerordentlich gesundes Produkt, besonders im Winter. Während des Keimprozesses nimmt der Vitamingehalt um ein Vielfaches zu, während sich der Energiewert verringert. Lässt man Senfkeime etwas weiter zu kleinen Pflanzen wachsen, können die jungen Blätter für einen feinen Salat gepflückt werden. Senfblätter passen zu allen Gerichten, die auch mit Senf gewürzt werden. Zum Keimen können ganz normale Senfkörner verwendet werden. Sie sind in Naturkostläden und Reformhäusern erhältlich.

Im Haushalt wie auch in der Gastronomie wird Senf sehr geschätzt. Bei richtiger Anwendung erfüllt er seine Rolle als Gewürz ohne den Wohlgeschmack der Speisen zu beeinträchtigen.

Eigene Senfherstellung

Körniger Senf

50 g gelbe Senfkörner
50 g schwarze Senfkörner
80 ml Weißweinessig
50 ml Weißwein
1 Schalotte
1 EL Meersalz
1 EL Honig

Die Senfkörner in eine Schüssel geben, mit Weißweinessig und Weißwein übergießen und 24 Stunden stehen lassen.

Am nächsten Tag die Schalotte abziehen, sehr fein hacken und mit Salz und Honig zu den eingeweichten Senfkörnern geben. Mit einem Stößel zerkleinern, in vorbereitete Gläser füllen und verschließen.
Eventuell noch etwas Essig oder Weißwein zusetzen, falls die Flüssigkeit nicht ausreicht. Die Beschaffenheit sollte breiig sein. Dunkel und kühl für etwa 2 Wochen stehen lassen bevor man ihn essen kann.

Tipp: Wünscht man keinen grobkörnigen Senf sondern einen feinen, empfiehlt es sich die Senfkörner vorher zu mahlen.

Sherry-Senf

50 g gelbes Senfmehl
6 EL Sherry, medium dry
1 rote Zwiebel
2 Knoblauchzehen
250 ml Sherry-Essig
40 g brauner Naturrohrzucker
Salz, Pfeffer
1 Msp. gem. Piment

Das Senfmehl und den Sherry verrühren. Die Zwiebel und die Knoblauchzehen abziehen. Die Zwiebel würfeln und die Knoblauchzehen zerdrücken. Beides mit Sherry-Essig und Naturrohrzucker in einen Topf geben.
8 - 10 Minuten bei mäßiger Temperatur kochen lassen.
In ein Sieb geben und die Flüssigkeit auffangen. Nach dem Abkühlen das angerührte Senfmehl in die aufgefangene Flüssigkeit geben. Mit Salz, Pfeffer und Piment würzen.
Die Beschaffenheit sollte breiig sein; eventuell etwas mehr Sherry zufügen.
Dunkel und kühl 10-14 Tage stehen lassen.

Toskanischer Senf

1 Birne, etwa 200 g
1 Apfel, etwa 175 g
1/8 l heller Traubensaft
1/8 l Vin Santo (italienischer Dessertwein)
1 TL Senfpulver
30 g Zitronat
2 Msp. Zimtpulver

Die Birne und den Apfel schälen, vom Kerngehäuse befreien und in kleine Stücke schneiden. Mit dem Traubensaft und Vin Santo (einige Löffel zurückbehalten) in einen Topf geben und köcheln lassen bis die Früchte weich sind und die Flüssigkeit verdampft ist. Das dauert etwa 15 Minunten.
Die Früchte pürieren.
Den restlichen Vin Santo mit dem Senfpulver verrühren, das kleingewürfelte Zitronat zufügen und zu den pürierten Früchten geben. Mit Zimt abschmecken, kurz erhitzen und erkalten lassen.

Dieser selbsthergestellte aromatische Senf, appetitanregend und bekömmlich zugleich, passt zu Geflügel, Wild, aber auch zu Suppenfleisch und Braten.
Nach Belieben kann die Menge des Senfpulvers erhöht werden.

Feigensenf

6 reife Feigen
120 g Zucker
3 EL Apfelessig
3 EL roter Balsamico-Essig
1 EL Senfmehl
1 EL Honig
2 - 3 EL Feigenschnaps

Die Feigen schälen und in Stücke schneiden. Zucker und beide Essigsorten zum Kochen bringen und die Feigen hineingeben. Bei mäßiger Temperatur etwa 15 Minuten unter Rühren kochen lassen.
Von der Kochstelle nehmen. Senfmehl, 3 Esslöffel Wasser, Honig und Feigenschnaps verrühren und zur Feigenmasse geben. Abschmecken und völlig erkalten lassen.

Salate und Vorspeisen

Würzig, fruchtig, fein: Senf als vielversprechender Gaumenkitzler

Löwenzahn und Rauke mit Senf-Speckdressing

250 g Löwenzahn
150 g Rauke
100 g Kirschtomaten (Cherry)
50-60 g durchwachsener geräucherter Speck
1 EL Olivenöl
3 EL Rotweinessig
2 TL Honigsenf
Salz
frisch gemahlener schwarzer Pfeffer
6 EL Mandelöl

Löwenzahn und Rauke waschen, putzen und in mundgerechte Stücke schneiden. Die Tomaten waschen, vom Blütenansatz befreien und halbieren. Den Speck in kleine Würfel schneiden. Das Olivenöl in einer Pfanne erhitzen und den Speck einige Minuten darin braten, herausnehmen und auf Küchenpapier abtropfen lassen. Rotweinessig, Honigsenf, Salz und Pfeffer verrühren. Das Mandelöl nach und nach zugeben. Vorsichtig unter Löwenzahn und Rauke mischen, mit den Speckwürfeln bestreuen, die Tomaten gefällig anrichten und servieren.

Tipp: Dazu passen sehr gut Croûtons. Diese sind sehr leicht selbst herzustellen, Weißbrot, Toast oder Baguette würfeln und in Butter goldgelb braten.

Senf-Mayonnaise

2 TL Dijon-Senf
1 Eigelb
1/2 TL Worcestershiresauce
einige Tropfen Tabasco-Sauce
2 TL Weißweinessig
Salz
frisch gemahlener schwarzer Pfeffer
150 ml Olivenöl
etwa 1/2 Limette

Senf mit Eigelb, Worcestershiresauce, Tabasco-Sauce, Weißweinessig, Salz und Pfeffer in einer Schüssel verrühren. Am besten mit einem Handrührgerät unter ständigem Rühren das Olivenöl tropfenweise zufügen, bis das Öl verbraucht und die Mayonnaise dicklich ist. Mit dem Saft der Limette abschmecken.

Tipp: Senf-Mayonnaise ist eine gute Alternative zu Senf-Speckdressing; sie kann aber auch in vielen anderen Salaten Verwendung finden.

Landsknechtsalat

4 Kartoffeln,
möglichst festkochende
3 Eier
200 g gekochtes Rindfleisch
100 g magerer Schinken
100 g Pökelzunge
100 g Hartwurst
1/2 Zwiebel
3 Essiggurken
3 Zweige glattblättrige Petersilie
1 Bund Schnittlauch
3 EL Weißweinessig
Salz
Pfeffer
1 EL mittelscharfer Senf
8 EL Sonnenblumenöl

Die Kartoffeln waschen und in der Schale etwa 30 Minuten kochen. Nach dem Erkalten die Schale abziehen und die Kartoffeln würfeln. Die Eier hart kochen, abschrecken und pellen. Rindfleisch, Schinken, Pökelzunge und Hartwurst in kleine Stücke schneiden. Die Zwiebel abziehen und fein schneiden. Die Essiggurken würfeln und alles in eine Schüssel geben.
Die Petersilie waschen, trockentupfen, die Blättchen von den Stielen zupfen und hacken. Den Schnittlauch in Röllchen schneiden. Essig mit Salz, Pfeffer und Senf verrühren. Das Öl nach und nach zugeben. Petersilie und Schnittlauch zufügen und in die Schüssel zu den vorbereiteten Zutaten geben. Vorsichtig mischen, etwas durchziehen lassen und vor dem Servieren mit den in Spalten geschnittenen Eiern garnieren.

Tipp: Anstelle von Rindfleisch, Pökelzunge und Hartwurst kann auch mageres Kalb- oder Schweinefleisch sowie ein milder Estragonsenf verwendet werden.

Octopus-Salat mit Senfdressing

Für den Octopus (Krake):
1 Zwiebel
1 Knoblauchzehe
1/4 TL Fenchelsamen
1/4 TL gelbe Senfkörner
1 Lorbeerblatt
Salz
1 küchenfertiger eingefrorener und wiederaufgetauter Octopus

Die Zwiebel und die Knoblauchzehe abziehen. Die Zwiebel in Scheiben schneiden und die Knoblauchzehe zerdrücken. 1 Liter Wasser mit Zwiebel, Knoblauch, Fenchelsamen, Senfkörnern und Lorbeerblatt zum Kochen bringen und den Octopus hineinlegen. Abgedeckt in 1 1/4 bis 1 1/2 Stunden weich kochen oder besser im Schnellkochtopf in 30 bis 35 Minuten. Die Garprobe machen und den Octopus herausnehmen. Die rosafarbene Haut abziehen und die Fangarme sowie den Körper in Stücke schneiden.

Für das Dressing:
1 Schalotte
1 Zweig Basilikum
1 eingelegte rote Paprikaschote
1 1/2 EL weißer Balsamico-Essig
1 EL Basilikumsenf
Salz
frisch gem. schwarzer Pfeffer
3 EL Olivenöl
4 Salatblätter

Für das Dressing die Schalotte abziehen und in sehr kleine Würfel schneiden. Das Basilikum waschen, trockentupfen, die Blättchen von den Stielen zupfen und hacken. Die Paprikaschote in Streifen von etwa 3 cm Länge schneiden.
Balsamico-Essig mit Basilikumsenf, Salz und Pfeffer verrühren. Das Olivenöl nach und nach zufügen. Alles mit dem Octopus vorsichtig vermischen. Gekühlt etwas durchziehen lassen.

Die Salatblätter kurz waschen und in Cocktailgläser oder hübsche Salatschälchen legen. Den Octopus-Salat gefällig darauf anrichten.

Tipp: Durch das Einfrieren wird der Octopus zarter.
Dieser Salat trägt sicher zum Gelingen einer fröhlichen Party bei.

Kartoffelsalat mit Kapernäpfeln

800 g festkochende Kartoffeln
2-3 Eier
2 Schalotten
100-125 g magerer geräucherter Bauchspeck
1 Bund Schnittlauch
50 g Kapernäpfel (eingelegt)
4 EL Olivenöl
6 EL weißer Balsamico-Essig
etwa 10 EL Gemüse- oder Hühnerbrühe
2 TL Honigsenf
Salz
frisch gemahlener weißer Pfeffer

Die Kartoffeln waschen und in der Schale in etwa 30 Minuten gar kochen. Abkühlen lassen, pellen und in Scheiben schneiden. Die Eier hart kochen, abschrecken und in Spalten teilen. Die Schalotten abziehen und fein hacken. Den Bauchspeck würfeln. Den Schnittlauch in Röllchen schneiden. Die Kapernäpfel eventuell halbieren.

Das Öl in einer weiten Pfanne erhitzen. Die Schalotten mit dem Bauchspeck hineingeben und einige Minuten braten. Mit dem Balsamico-Essig und der Brühe ablöschen. Einige Minuten köcheln lassen. Vom Herd nehmen und den Honigsenf hineinrühren. Mit den Kapernäpfeln und Schnittlauch über die in Scheiben geschnittenen Kartoffeln geben und vorsichtig unterheben. Mit Salz und Pfeffer gut abschmecken. Mit den Eiern garnieren und auftragen.

Tipp: Beim Kauf von Olivenöl sollte man darauf achten, dass es aus erster Pressung stammt und kaltgeschlagen wurde. Vitamine und ungesättigte Fettsäuren sind somit noch erhalten.

Avocado und Papaya mit Blutorangen-Senfsauce

1 Stück frischer Ingwer von etwa 2 cm
3-4 Blutorangen
2 EL Gelierzucker 2:1
2 TL Currysenf
2 Avocados
1 Papaya

Den Ingwer schälen, klein hacken und zerdrücken, eventuell dazu die Knoblauchpresse benutzen. Die Blutorangen auspressen und mit Gelierzucker und Ingwer nach Vorschrift des Herstellers etwa 3 Minuten aufkochen. Vom Herd nehmen und den Currysenf einrühren.
Die Avocados schälen, das Fruchtfleisch vom Stein lösen und in Scheiben schneiden. Die Papaya schälen, die Kerne entfernen und das Fruchtfleisch ebenfalls in Scheiben schneiden. Wechselweise Avocados und Papaya auf einem Teller dekorativ anrichten. Mit der Blutorangen-Senfsauce übergossen sofort servieren.

Florentiner Crostini Hausmacherart

250 g Geflügelleber
1 EL Olivenöl
1 EL Butter
6 EL trockener Marsala
1 möglichst frisches Lorbeerblatt
3-4 Sardellenfilets
2 Zweige glattblättrige Petersilie
1 EL Kapern
2 TL Honigsenf
Salz
frisch gemahlener weißer Pfeffer
4 Scheiben Weiß- oder Graubrot

Die Geflügelleber waschen und von Sehnen befreien. Das Öl erhitzen, die Butter zufügen und einige Minuten braten. Mit Marsala ablöschen. Das Lorbeerblatt zufügen und einige Minuten garen lassen, bis die Flüssigkeit verdampft ist. Vom Herd nehmen.
Die Sardellenfilets hacken. Die Petersilie waschen, trockentupfen, die Blättchen von den Stielen zupfen und hacken. Die Geflügelleber sehr klein schneiden oder hacken und mit Sardellenfilets, Petersilie, Kapern und Senf verrühren. Mit Salz und Pfeffer würzen.
Das Brot in Dreiecke schneiden und leicht rösten. Mit der Geflügelmasse bestreichen und servieren.

Lachstatar

Für etwa 15 Löffel
100 g Räucherlachs
1 Schalotte
3 Zweige Dill
1 EL cremiger Naturjoghurt
1 EL Mayonnaise
1 EL Honigsenf oder Bayerischer Senf
Salz
frisch gemahlener weißer Pfeffer

Den Räucherlachs würfeln. Die Schalotte abziehen und fein schneiden. Den Dill waschen und hacken. Etwas für die Garnitur zurück behalten. Naturjoghurt und Mayonnaise verrühren. Räucherlachs, Schalotte und Dill unterziehen. Mit Senf, Salz, und Pfeffer gut abschmecken. Auf Partylöffel häufen und mit winzigem Dillzweig garnieren.

Matjeshäckerle

Für etwa 20 Löffel
2 Eier
200 g Matjesfilet
1/2 Schalotte
1 Apfel
etwa 3 EL saure Sahne
1 EL süßer Senf
1 TL milder Senf
frisch gemahlener weißer Pfeffer
nach Belieben 1/2 TL Zucker
1/2 Bd. Schnittlauch

Die Eier hart kochen, abschrecken, pellen und wie die Matjesfilets fein hacken. Die Schalotte abziehen und reiben. Den Apfel schälen, vom Kerngehäuse befreien und in winzige Stückchen schneiden. Saure Sahne, beide Senfsorten, Pfeffer und Zucker verrühren. Alle Zutaten sofort vermischen. Den Schnittlauch waschen und in Röllchen schneiden. Auf Partylöffel verteilen und mit Schnittlauchröllchen garnieren.

Saucen, Marinaden, Beilagen

Pikant zu Früchten, Gemüse, Fisch und Fleisch: Senf als raffinierte Zutat.

Beerensauce mit geschrotetem Senf

400 g gemischte Beeren
wie Brombeeren, Himbeeren,
Blaubeeren, Johannisbeeren,
nach Belieben TK-Mischung
150 g Gelierzucker 2:1
nach Belieben 2 EL Crème de Cassis-Likör
2 EL körniger Senf
etwa 1/8 Liter trockener Rotwein

Die Beeren waschen, von den Stielen zupfen und in einen Topf geben. Einige Minuten kochen lassen. Den Fruchtbrei durch ein Sieb passieren, um unerwünschte Kerne zu entfernen. Den Fruchtbrei mit Gelierzucker 3 Minuten kochen lassen und vom Herd nehmen. Crème de Cassis-Likör und Senf einrühren.
Entweder zum Aufbewahren in ein vorbereitetes Glas füllen und verschließen oder zum sofortigen Gebrauch mit Rotwein verdünnen und zu Wild servieren.

Sharon-Fruchtsauce

1 1/2 - 2 TL Senfpulver
etwa 1/8 Liter Wildbrühe
4 Sharonfrüchte
1 Orange
1/2 Zitrone
100 g Gelierzucker 2:1
1 1/2 - 2 EL weißer Balsamico-Essig
Salz
frisch gemahlener Pfeffer

Senfpulver und Wildbrühe verrühren.
Die Sharonfrüchte aufschneiden und das Fruchtfleisch herauslösen. Den Saft der Orange und der Zitrone auspressen. Sharonfruchtmasse und Orangensaft mit dem Gelierzucker 3 Minuten aufkochen und vom Herd nehmen.
Balsamico-Essig, Zitronensaft und das angerührte Senfpulver einrühren. Eventuell mit Salz und Pfeffer würzen.
Je nach Wunsch die Sauce mit mehr oder weniger Wildbrühe verrühren. Zu Wildgeflügel reichen.

Wildkräuter-Dip

200 g Brunenkresse, nach dem Putzen etwa 75 g
100 g Rauke
100 g Sauerampfer oder andere Kräuter
2 EL Walnussöl
1 Scheibe entrindetes Weißbrot
50 ml süße Sahne, etwa 2 EL Crème fraîche
etwa 1 EL Sherry-Essig
1 EL Knoblauchsenf
Salz, Pfeffer, 1 Msp. Kreuzkümmel

Die Kräuter waschen und die Blättchen von den Stielen zupfen. Von Rauke und Sauerampfer die unteren Stiele wegnehmen. Zusammen mit Walnussöl und Weißbrot pürieren. Süße Sahne und Crème fraîche unterziehen. Mit Sherry-Essig, Senf, Salz, Pfeffer und Kreuzkümmel gut abschmecken. Mit neuen kleinen Pellkartoffeln servieren.

Tipp: Im Frühjahr kann man in schattigen feuchten Wäldern den beliebten Bärlauch sammeln.

Papaya-Senf-Dip

1 große Papaya von etwa 1 kg Gewicht
1 1/2 Limetten, 120 g brauner Rohrzucker
1/4 Liter herber Cidre
etwa 1 1/2 EL milder Senf

Die Papaya schälen, aufschneiden, Kerne entfernen und das Fruchtfleisch in kleine Stücke schneiden. Den Saft der Limetten auspressen. Den Rohrzucker in einen Topf geben und leicht karamellisieren. Mit Cidre ablöschen, etwas einkochen.
Papayafruchtfleisch und die Hälfte des Limettensaftes dazu geben. Bei mäßiger Temperatur 20 Min. einkochen. Vom Herd nehmen und mit Senf sowie Limettensaft gut abschmecken.
Dieser Dip ist eine ausgefallene Beilage zu gebratenen oder gegrillten Garnelen, aber auch zu hellem Geflügelfleisch.

Schnittlauch-Senfbutter

125 g Butter, 2 EL Dijon-Senf, 1 EL Schnittlauchröllchen, 1 TL Zitronensaft, Salz, weißer Pfeffer

Weiche Butter, Dijon-Senf und Schnittlauchröllchen schaumig rühren. Mit Zitronensaft, Salz und Pfeffer würzen. Die Butter zu einer Rolle formen, in Pergamentpapier wickeln und im Kühlschrank fest werden lassen.

Gribichesauce

Gemischte Kräuter wie Petersilie, Estragon, Kerbel, Schnittlauch, nach dem Hacken etwa 2 EL
2 Cornichons
3 - 4 Eier
1 TL scharfer Dijon-Senf
Salz
frisch gemahlener weißer Pfeffer
200 ml Erdnussöl
1 EL Kapern
1 EL Weißweinessig

Die Kräuter waschen, trockentupfen, die Blättchen von den Stielen zupfen und hacken. Die Cornichons in sehr kleine Stücke schneiden. Die Eier hart kochen, abschrecken und pellen. Die Eigelbe herauslösen und mit Senf, Salz und Pfeffer verrühren. Das Erdnussöl zunächst tropfenweise, dann in dünnem Strahl zufügen, so dass eine Sauce ensteht.
Das Eiweiß fein hacken und mit Kapern und Kräutern unterrühren. Mit Weißweinessig, Salz und Pfeffer gut abschmecken.

Tipp: Zu kaltem Fisch, Krustentieren, geräucherter Forelle, Pökelzunge oder kaltem Braten servieren.

Avocado-Dip

1 Knoblauchzehe
1 große reife Avocado
2-3 EL Schichtkäse, 10 oder 20 % Fettgehalt
2 EL Crème fraîche
1 EL Zitronensaft
Salz, frisch gemahlener weißer Pfeffer
2 TL Estragonsenf

Die Knoblauchzehe abziehen und zerdrücken. Die Avocado schälen und den Stein entfernen. Beides mit Schichtkäse, Crème fraîche und Zitronensaft verrühren. Mit Salz, Pfeffer und Estragonsenf würzen.
Stangenweißbrot oder Pumpernickelscheiben dazu reichen.

Blutorangengelee mit Crème de Cassis-Senf

etwa 9 Blutorangen, 300 g Gelierzucker 2:1, 2 TL Crème de Cassis-Senf

Die Blutorangen auspressen, es sollten 600 ml Saft sein. Zusammen mit dem Gelierzucker 3 Minuten aufkochen. Vom Herd nehmen und den Senf einrühren. Sofort in Gläser füllen und luftdicht verschließen. Passt gut zur Entenbrust oder als Brotaufstrich mit Quark.

Senföl

Gemischte frische Kräuter
1 Schalotte
1 - 2 Knoblauchzehen
1 Stück frischer Ingwer
1 kleine rote Chilischote
3 EL schwarze Senfkörner
je 5 Piment- und Korianderkörner
750 ml Rapsöl

Die Kräuter waschen, trockentupfen, die Blättchen von den Stielen zupfen und etwas zerkleinern. Die Schalotte und die Knoblauchzehen abziehen und fein schneiden. Den Ingwer schälen und hacken. Die Chilischote aufschneiden, entkernen und in Streifen schneiden. Die Senfkörner in einer trockenen Pfanne kurz rösten, vom Herd nehmen und im Mörser leicht zerstoßen.
Alle Zutaten mit dem Rapsöl in 2 schöne Glasflaschen füllen, unterschiedlich würzen und verschließen. Dunkel und kühl etwa 2 Wochen ziehen lassen.

Tipp: Dieses selbst hergestellte Senföl kann für Salate und zum Aromatisieren von Fisch und Fleisch verwendet werden.
Es ist aber auch eine gute Geschenkidee aus der eigenen Küche.

Marinaden

Marinade für Geflügel und Fleisch

1 Schalotte,
1-2 Knoblauchzehen, 1 kleine rote Chilischote
3 - 4 EL weißer Balsamico-Essig
2 EL milder Senf, 1 1/2 TL Kräuter der Provence,
Pfeffer, 125 ml Olivenöl

Die Schalotte und die Knoblauchzehen abziehen. Die Schalotte fein würfeln und die Knoblauchzehen zerdrücken. Die Chilischote aufschneiden entkernen und in winzige Stücke schneiden. Alles in eine Schüssel geben, Essig, Senf, Kräuter der Provence, Pfeffer und Öl unter Rühren zufügen. Darin Geflügel oder Fleischstücke einlegen und einige Stunden abgedeckt und gekühlt marinieren.
Für Wild eignen sich schwarze Pfeffer-, Piment- und gelbe Senfkörner sowie Wacholderbeeren, Rosmarin, Lorbeerblatt und Rotwein.

Marinade für Fisch

1 unbehandelte Limette
1/2 TL getr. Thymian, 1/2 TL getr. Fenchel
1 TL gelbe Senfkörner, 1 Lorbeerblatt
Salz, weißer Pfeffer
1/4 Liter trockener Weißwein, 1/4 Liter Olivenöl

Etwas Schale der Limette abreiben, den Saft auspressen. Alle Zutaten in eine Schale geben und den Fisch darin marinieren. - Für Burgunderkarpfen anstelle des Weißweins und Olivenöls 1/2 Liter Burgunder Rotwein nehmen. Für Heringe wird eine Kombination aus Salz, Essig, Senfkörnern, Dillsaat, Piment, Lorbeerblatt und Zucker verwendet.

Dill-Senfsauce

1/2 Bund Dill
1 Schalotte
1/8 Liter Weißwein
1/8 Liter Fischbrühe
1 EL asiatische Fisch-Sojasauce
2 EL mittelscharfer Senf
60 g Butter
Salz
frisch gemahlener weißer Pfeffer
1-2 EL Limettensaft

Den Dill waschen und hacken. Die Schalotte abziehen, fein würfeln, mit dem Weißwein in einen Topf geben und einkochen. Die Fischbrühe zufügen und erhitzen. Fisch-Sojasauce und den Senf hineinrühren. Den Dill zufügen. Pürieren und mit eiskalten Butterflöckchen aufschlagen. Salzen, pfeffern und mit Limettensaft abschmecken.

Tipp: Diese Sauce passt zu Fisch und Krustentieren.

Pilzketchup

500 g Pilze, Champignons oder Shitake
12 EL Sojasauce
12 EL Sake (Reiswein)
3 EL Dijon-Senf mit grünem Pfeffer

Die Pilze putzen und hacken. Zusammen mit Sojasauce, Sake und 6 Esslöffeln Wasser in einen Topf geben. 10 Minuten köcheln lassen, vom Herd nehmen, den Dijon-Senf einrühren und sofort in Gläser füllen und verschließen.
Als Beilage zu kaltem Braten reichen.

Tipp: Nudeln und auch Reis erhalten durch Pilzketchup eine interessante Note.

Das Wort Ketchup ist eine vereinfachte Ableitung des ursprünglich chinesischen Wortes ket-tsiap, das britische Seeleute aus Singapur und Malaysia vor langer Zeit mitgebracht hatten. Fisch, Muscheln und Gewürze wurden so zu einer Sauce vereint, dass der Fischgeschmack nicht mehr zu erkennen war.

Senfgurken

2 Salatgurken
1/2 rote Paprikaschote
1/2 kleine rote nicht zu scharfe Chilischote
1/4 Liter Weißweinessig
je 175 g weißer und brauner Rohrzucker
1 EL Salz, 10 schwarze Pfefferkörner
5 Pimentkörner, 3 Lorbeerblätter,
1 TL Fenchelsamen
3 EL gelbe Senfkörner

Die Gurken schälen, längs aufschneiden, die Kerne entfernen und das Fruchtfleisch in etwa 3 cm große Stücke schneiden. Von Paprika und Chili Kerne und Zwischenwände entfernen und in sehr kleine Stücke schneiden. Weißweinessig mit beiden Zuckersorten, Salz, Gewürzen und 1/2 Liter Wasser in einen Topf geben. Die Gurken zufügen und 5 Minuten kochen lassen. Die Gurken mit einer Schaumkelle herausnehmen und in ein großes Glas oder in einen Steinguttopf geben. Den Sud einkochen und abgekühlt über die Gurken gießen, so dass sie bedeckt sind. Nach 4 Tagen die Brühe nochmals abgießen, wieder einkochen und erneut über die Gurken gießen. Der Sud sollte sirupartig sein. Mit Einmachhaut verschließen und mindestens 2 Wochen durchziehen lassen.

Tipp: Köstlich zu kaltem Braten, Aufschnitt und Sülzen.

Eingelegte rote Zwiebeln

12-15 rote kleine längliche Zwiebeln
1/4 Liter Rotweinessig
1/4 Liter Rotwein
1/2 TL schwarze Senfkörner
1/2 TL schwarze Pfefferkörner
1 Lorbeerblatt
1 Stück Zimtstange von etwa 4 cm
2 Nelken, 1 kleiner Zweig Rosmarin
1 Zweig Thymian

Die Zwiebeln abziehen und in ein Glas oder in einen Keramiktopf geben. Rotweinessig und Rotwein, Senfkörner, Pfefferkörner, Lorbeerblatt, Zimtstange und Nelken aufkochen. Rosmarin- und Thymianzweig zufügen und über die Zwiebeln gießen. Dunkel und kühl einige Tage stehen lassen.

Tipp: Große Zwiebeln können in Scheiben geschnitten werden. Sie schmecken fast immer, ob zu kaltem Braten, in Salaten, aber auch zu Käse wie zum Beispiel dem Harzer.

Früchte in Senf und Vin Santo

1 EL gelbes Senfpulver
100 ml Vin Santo (ital. Dessertwein aus der Toskana)
450 - 500 g Rhabarber
1 Stück frischer Ingwer von etwa 3 cm
350 g Erdbeeren
150 g Himbeeren
100 ml weißer Balsamico-Essig
100 g brauner Natur-Rohrzucker
1 Zimtstange von etwa 3 cm
2 Sternanis

Senfpulver und Vin Santo in einem Schüsselchen verrühren.
Den Rhabarber waschen, abziehen und in 3 bis 4 cm große Stücke schneiden. Den Ingwer schälen und hacken. Erdbeeren und Himbeeren vorsichtig waschen und trockentupfen. Größere Erdbeeren halbieren. Balsamico-Essig und Rohrzucker in einem Topf unter Rühren erhitzen und etwas einkochen lassen. Rhabarber, Ingwer, Zimt und Sternanis sowie das angerührte Senfpulver zufügen und 10 - 12 Minuten köcheln lassen, bis der Rhabarber weich ist. Kurz vor Garende die Erdbeeren und Himbeeren zufügen. Sofort in Gläser füllen, verschließen und kühl aufbewahren.

Tipp: Eine leckere Beilage zu kaltem Braten oder Bollito Misto, gekochtem Fleisch (Kalb, Rind, Huhn und Wild)

Honigmelonen-Pickles

1 Honigmelone von 500-600 g
150 g brauner Rohrzucker
1/2 rote Pfefferschote
1 Stück frischer Ingwer von 2-3 cm
2 1/2 TL Senfpulver
6-7 EL Weißweinessig, vorzugsweise weißer Balsamico-Essig
3/4 TL Kurkuma
2 TL Speisestärke

Die Honigmelone aufschneiden, schälen, von den Kernen befreien und in 1 1/2 bis 2 cm große Stücke schneiden.
150 ml Wasser mit dem Rohrzucker aufkochen, bis er sich gelöst hat. Die Pfefferschote von Kernen und Zwischenwänden befreien und in winzige Stücke schneiden. Den Ingwer schälen und fein hacken. Das Senfpulver mit dem Weißweinessig verrühren.

Honigmelone, Pfefferschote und Ingwer mit Kurkuma und angerührtem Senfpulver in das Zuckerwasser geben. Einige Minuten köcheln lassen. Die Melonenstücke sollten nicht zerfallen.
Die Speisestärke mit 3 Esslöffeln kaltem Wasser verrühren und zufügen. Kurz aufkochen lassen, abschmecken und in Gläser füllen. Sofort verschließen oder nach dem Erkalten mit kalter Hühnerbrust oder Schinken servieren.

Karottenpüree mit schwarzen Senfkörnern

800 g Karotten
1 Stück frischer Ingwer
1 TL brauner Zucker
Salz
1/2 Bund Koriander

Die Karotten waschen, putzen und in Scheiben schneiden.
Den Ingwer schälen und sehr klein schneiden.
Gut 1/4 Liter Wasser zum Kochen bringen. Karotten, Ingwer, braunen Zucker und Salz hineingeben. Abgedeckt bei mäßiger Temperatur kochen lassen, bis die Karotten weich sind und das Wasser völlig verdampft ist. Das dauert 15 bis 20 Minuten.
Inzwischen den Koriander waschen, trockentupfen, die Blättchen von den Stielen zupfen und hacken.
Die Karotten pürieren und den Koriander darunter mischen.

Für die geklärte Butter (Ghee):
80-100 g Süßrahmbutter

1/2 TL schwarze Senfkörner

Nun die geklärte Butter herstellen. In einem Topf bei milder Hitze die Butter zerlassen. Die Hitze erhöhen. Es bildet sich an der Oberfläche eine Schaumschicht und die Butter zischt. Die Flüssigkeit verdampft und das Butterfett wird braun.
Vom Herd nehmen und durch ein feinmaschiges kleines Sieb gießen.
Die Butter in eine Pfanne geben, erhitzen und die Senfkörner hineinrühren, bis sie grau werden.
Zum Servieren das Butterfett mit den Senfkörnern über das Karottenpüree geben.

Dies ist ein Gericht aus der indischen Küche. Ghee verleiht dieser Speise ein nussiges Aroma.

Suppen

Mischt sich gut unter:
Senf als Geschmacksträger oder unterstützendes Aroma.

Kalte Avocadosuppe

1/2 - 1 Zitrone
1/2 Bund Dill
2-3 reife Avocados
125 g Crème fraîche
1/2 Liter Geflügelbrühe
1/8 Liter trockner Weißwein
2 TL Knoblauchsenf
Salz
weißer Pfeffer
2 Msp. Paprikapulver, edelsüß
abgeriebene Muskatnuss
125 g gekochte, geschälte kleine Krabben

Den Saft der Zitrone auspressen. Den Dill waschen und hacken. Die Avocados schälen und den Stein herauslösen. Das Fruchtfleisch mit Zitronensaft, Crème fraîche, Geflügelbrühe und Weißwein mixen. Mit Senf, Salz, Pfeffer, Paprikapulver und Muskatnuss abschmecken.
Die Krabben als Einlage hineingeben und mit Dill bestreut servieren.

Tipp: Eine delikate und schnell zubereitete Suppe, wenn man hungrig nach Hause kommt.

Fleischbrühe mit Polentanocken

Für etwa 8 Personen
80 g Butter
Salz
weißer Pfeffer
abgeriebene Muskatnuss
150 g Polenta (Maisgrieß)
2 Eier
40 g frisch geriebener Pecorino oder Parmesan
2-3 TL provençalischer Senf
2 Liter Fleischbrühe
1/2 Bund glattblättrige Petersilie

150 ml Wasser mit Butter, Salz, Pfeffer und Muskatnuss zum Kochen bringen. Den Maisgrieß hineinrieseln lassen. Nach etwa einer Minute vom Herd nehmen und nach weiteren zwei Minuten Eier, Käse und Senf hineinrühren.

1 1/2-2 Liter Wasser zum Kochen bringen, salzen, mit einem Teelöffel von der Polentamasse Nocken abstechen und in das siedende Wasser gleiten lassen. Nach 8 bis 10 Minuten mit einer Schaumkelle herausnehmen und in die heiße Fleischbrühe geben.
Die Petersilie hacken und die Brühe damit bestreuen.

Hühner-Curry-Suppe

1 Zwiebel
1 Apfel
200 g gegartes Hühnerfleisch
40 g Butter
1 TL Currypulver
2 EL Reismehl
1/2 Liter Hühnerbrühe
1/4 Liter Sahne
1/4 Liter Kokosmilch
Salz
Pfeffer
1 TL Zitronensaft
2 TL mittelscharfer Senf
2-3 TL gehackte Pistazien

Die Zwiebel abziehen und fein schneiden. Den Apfel schälen, vom Kerngehäuse befreien und würfeln. Das Hühnerfleisch in Streifen oder Würfel schneiden.
Die Butter erhitzen. Zwiebel und Apfel hineingeben und andünsten. Mit Currypulver und Reismehl bestreuen, kurz durchschwitzen und unter Rühren mit der Hühnerbrühe ablöschen. 10 Minuten bei mäßiger Temperatur kochen.

Sahne und Kokosmilch angießen und mit Salz, Pfeffer, Zitronensaft sowie Senf gut abschmecken. Das Hühnerfleisch hineingeben, kurz erhitzen und mit den Pistazien bestreut servieren.

Tipp: Anstelle des mittelscharfen Senfs, Curry- und Limonensenf verwenden, dann mit Currypulver etwas sparsamer umgehen.

Curry, eine indische Gewürzmischung, kann 20 - 50 Gewürze enthalten. In der Hauptsache sind es Kurkuma, Koriander, Ingwer, Kardamom, Kreuzkümmel, Gewürznelken, Pfeffer, Zimt, Bockshornkleesamen, Piment, Chili, Macis, Muskatnuss und weißer Senf; häufig Lorbeerblätter, Kümmel, Fenchel, Schalotte, Knoblauch, Sternanis, Zitronengras, Cassia, Galgant sowie Zitronenschale.
Jede Region und auch die Köche und Hausfrauen haben ihre eigenen Mischungen.

Maronensuppe mit roten Linsen

FÜR 4-6 PERSONEN
5 g getrocknete Steinpilze
1 Zwiebel
1 Aubergine
2 EL Olivenöl
40 g Butter
100 g rote Linsen
1 1/2 Liter Gemüsebrühe
250 g geschälte küchenfertige Maronen, evtl. vakuumverpackt
Salz
frisch gem. schwarzer Pfeffer
1/2 TL Kurkuma
1-2 Msp. Kreuzkümmel
1 Msp. Cayennepfeffer
100 g saure Sahne
2 EL Currysenf
3 Zweige glattblättrige Petersilie

Die Steinpilze mit kochendem Wasser überbrühen und 30 Minuten stehen lassen oder bei 180 °C 5 Minuten in die Mikrowelle geben.
Die Zwiebel abziehen und würfeln. Die Aubergine waschen, Blütenansatz entfernen und klein schneiden.
Das Öl in einem weiten Topf erhitzen. Die Butter zufügen und schmelzen. Die Zwiebel mit der Aubergine darin leicht andünsten.
Linsen und Steinpilze samt Einweichwasser zufügen, ebenso die Gemüsebrühe. Abgedeckt bei mäßiger Temperatur 10 Minuten kochen.
Nun die Maronen hineingeben, erhitzen und alles pürieren. Mit Salz, Pfeffer, Kurkuma, Kreuzkümmel und Cayennepfeffer würzen.
Die saure Sahne mit Currysenf hineinrühren, nicht mehr kochen lassen und gut abschmecken.
Die Petersilie waschen, die Blättchen von den Stielen zupfen und gehackt über die Suppe geben.

Tipp: Die feinen, roten Linsen sind im Mittleren Osten ein Grundnahrungsmittel und müssen nicht unbedingt eingeweicht werden. Sie sollten nur sorgfältig gewaschen werden. Anstelle des Currysenfs 1 Esslöffel scharfen Senf verwenden und mit Currypulver abschmecken.

Eifler Senfsuppe mit Lachsstreifen

1 Zwiebel
1 Knoblauchzehe
1/2 Lauchstange (nur das Weiße)
1 Mohrrübe, etwa 100 g
2 Kartoffeln, etwa 200 g
40 g Butter
1 EL Mehl
100 ml trockener Weißwein
3/4 Liter Gemüsebrühe
Salz
frisch gemahlener weißer Pfeffer
abgeriebene Muskatnuss
100 g geräucherter Lachs
1/2 Bd. Dill
3 EL Crème fraîche
1 EL Knoblauchsenf
2 EL milder Senf

Die Zwiebel und die Knoblauchzehe abziehen. Die Zwiebel würfeln und die Knoblauchzehe zerdrücken. Das Gemüse waschen und putzen. Lauchstange und Mohrrübe in Scheiben schneiden. Die Kartoffeln schälen und würfeln.

Die Butter in einem weiten Topf erhitzen. Zwiebel, Knoblauchzehe, Gemüse und Kartoffeln etwa 5 Minuten darin andünsten, ohne dass es Farbe annimmt. Mit dem Mehl bestäuben, kurz durchdünsten und mit Wein sowie Brühe ablöschen. Mit Salz, Pfeffer und Muskatnuss würzen. Abgedeckt bei mäßiger Temperatur 15 - 20 Minuten kochen lassen.
Den Lachs in schmale Streifen schneiden. Den Dill waschen und hacken.
Die Suppe mit dem Mixstab pürieren. Crème fraîche und Senf einrühren, abschmecken und die Lachstreifen in die Mitte geben. Mit Dill bestreuen und servieren.

Tipp: Dies ist eine ideale Suppe für Einladungen, da man sie gut vorbereiten und später schnell fertigstellen kann.

Vegetarisch

Von Bärlauch-Risotto bis Kürbisauflauf: vielseitig und fantasievoll schmeichelt Senf dem jungen Gemüse.

Brokkoli und Mohrrüben mit Senfsabayon

600 g Brokkoli
400 g Mohrrüben
1 Stück frischer Ingwer, etwa 2 cm
Salz
abgeriebene Muskatnuss
30 g Butter
frisch gemahlener weißer Pfeffer
1/2 Liter Gemüsebrühe
3 Eigelb
1/2 EL Limettensaft
3 TL Schalottensenf

Das Gemüse waschen und putzen. Den Brokkoli in Röschen teilen. Die Mohrrüben in Scheiben schneiden. Den Ingwer schälen und hacken. 1/2 l Wasser zum Kochen bringen, salzen, Muskatnuss und Brokkoli hineingeben. Abgedeckt in 8 bis 10 Minuten bissfest kochen.
Die Butter in einem gesonderten Topf erhitzen. Mohrrüben und Ingwer hineingeben. Unter Rühren andünsten, salzen und pfeffern. Mit Brühe ablöschen. Die Mohrrüben ebenfalls bissfest garen.
Die Garflüssigkeit der Mohrrüben abgießen, etwas auskühlen lassen und 75 ml Mohrrübenbrühe mit dem Eigelb in einem Topf im heißen Wasserbad zum Sabayon aufschlagen. Mit Salz, Pfeffer, Limettensaft und Senf würzen.
Den Grill vorheizen.
Den Brokkoli mit einer Schaumkelle aus dem Kochwasser nehmen und mit den Mohrrüben in einer Auflaufform anordnen.
Sabayon über das Gemüse geben und kurz unter den Grill stellen. Es dauert etwa 2 Minuten, bis alles goldgelb ist.

Tipp: Geeignet als Beilage zu Fisch oder Fleisch, aber auch als eigenständiges Gericht mit Reis oder Teigwaren, besonders schwarzen Nudeln.

Artischocken-Frittata

350-400 g Artischockenherzen (Dose)
1 kleine Zwiebel
1/2 Bund glattblättrige Petersilie
60 g Pecorino
6 Eier
2 TL Knoblauchsenf
Salz
frisch gemahlener Pfeffer
3 EL Olivenöl

Die Artischocken in ein Sieb geben, abtropfen lassen und in Stücke schneiden. Die Zwiebel abziehen und in sehr dünne Scheiben schneiden. Die Petersilie waschen, trockentupfen, die Blättchen von den Stielen zupfen und hacken. Den Pecorino reiben und mit den Eiern verrühren. Die Petersilie zufügen und mit Knoblauchsenf, Salz und Pfeffer würzen.

Das Öl in einer weiten Pfanne erhitzen und die Zwiebel darin andünsten, ohne dass sie Farbe annehmen. Die Artischocken zufügen. Einige Minuten weiterdünsten.

Den Grill vorheizen. Die Eiermasse in die Pfanne gießen und stocken lassen. Das sollte ebenfalls bei mäßiger Temperatur geschehen, um ein Ansetzen zu verhindern. Das Eigelb sollte noch etwas flüssig sein.
Kurz unter den Grill stellen und abgekühlt in Stücke geschnitten servieren.

Tipp: Für das Kochen von frischen Artischocken sollte kein Aluminiumtopf verwendet werden. Die Stiele unterhalb des Blütenkopfes abbrechen, die äußeren Blätter entfernen, den Boden mit Zitronensaft bestreichen und in kochendem Salzwasser 10 bis 12 Minuten, je nach Größe der Artischocken, garen.
Junge und kleine Artischocken sind zart und ein besonderer Genuss, wie zum Beispiel die Sorte „Tudela“ aus Spanien.

Dinkelgrieß-Tarte

500 g Spinat
1 Schalotte
1 Knoblauchzehe
2 EL Olivenöl
40 g Pinienkerne
Salz
frisch gemahlener Pfeffer
abgeriebene Muskatnuss
3 EL Crème fraîche
2 TL milder Senf
1 TL Honigsenf
1/4 Liter Gemüsebrühe
1/4 Liter Milch
100 g Dinkelgrieß
5 Champignons
100 g Käse, vorzugsweise Emmentaler oder Cheddar
10 g Butter für die Form
2 Eier

Den Spinat waschen, putzen und grob hacken. Die Schalotte und die Knoblauchzehe abziehen. Die Schalotte fein würfeln und die Knoblauchzehe zerdrücken.
Das Olivenöl in einem weiten Topf erhitzen. Die Schalotte bei mäßiger Temperatur zufügen und darin andünsten. Pinienkerne und Knoblauch zufügen. Den Spinat einige Minuten garen, bis er zusammenfällt. Mit Salz, Pfeffer und Muskatnuss würzen. Crème fraîche zufügen, kurz durchkochen, vom Herd nehmen und mit den beiden Senfsorten abschmecken.
In einem zweiten Topf Gemüsebrühe und Milch zum Kochen bringen. Den Dinkelgrieß einrühren und einige Minuten kochen. Vom Herd nehmen und erkalten lassen.
Die Champignons putzen und klein schneiden. Den Käse reiben.

Den Backofen auf 190 bis 200 °C Unter- und Oberhitze vorheizen. Eine Tarteform von etwa 24 cm Durchmesser mit Butter ausstreichen. Spinat, Dinkelgrieß, Champignons, Eier und 2/3 des Käses miteinander vermischen. In die Form füllen und mit dem Rest des Käses bestreuen.
In den Backofen für etwa 20 Minuten stellen, bis der Käse goldgelb ist. Kalt oder warm servieren.

Tipp: Dinkel ist eine Spelzweizenart und übertrifft Weizen an Nährwert und Geschmack.
Anstelle des milden Senfs kann auch ein Knoblauch- oder Schalottensenf genommen werden.

Käse auf Liptauer Art

1 Essiggurke
1/2 Bd. Petersilie,
1/4 Zwiebel
nach Belieben 1 Knoblauchzehe
100 g Butter
1 EL mittelscharfer Senf
etwa 2 EL saure Sahne
200 g Frischkäse oder Quark
2 TL Kümmel
1 EL Kapern
Salz
Pfeffer

Die Essiggurke fein würfeln. Die Petersilie waschen, trockentupfen, die Blättchen von den Stielen zupfen und hacken. Die Zwiebel und die Knoblauchzehe abziehen. Die Zwiebel reiben und die Knoblauchzehe zerdrücken. Die weiche Butter mit Senf schaumig rühren. Saure Sahne und Frischkäse unterrühren. Petersilie, Zwiebel, Knoblauch, Kümmel, Essiggurke und Kapern zufügen. Mit Salz und Pfeffer abschmecken.

TIPP: Interessant ist auch ein Abschmecken mit klein gehackten Sardellen und Paprikapulver.

Der echte Liptauer Käse wurde früher aus Schafmilch hergestellt.

Welsh Rarebit

50 g Butter
1/8 Liter helles Bier
275-300 g frisch geraspelter Cheddar
3 TL Englischer Senf
einige Tropfen Worcestershiresauce
Salz
Pfeffer
nach Belieben Cayennepfeffer
8 Scheiben Toastbrot

Die Butter in einem Topf zerlassen. Helles Bier und Cheddar zufügen. Vorsichtig schmelzen lassen. Mit Senf, Worcestershiresauce, Salz und Pfeffer sowie Cayennepfeffer abschmecken.
Das Toastbrot rösten. Die Käsecreme darauf verteilen und unter den vorgeheizten Grill geben, bis die Käsemasse goldgelb ist.

Welsh Rarebit = walisischer kostbarer Bissen – eine willkommene Abwechslung für den Hunger zwischendurch.
Cheddar ist ein englischer Hartkäse ursprünglich aus frischer vollfetter Kuhmilch aus der Grafschaft Somerset.

Kartoffel-Quark-Plätzchen mit Bärlauchsauce

Für die Bärlauchsauce:
1 Schalotte
1 Stück Sellerieknolle von etwa 25 g
1 EL Sonnenblumenöl
1 EL Butter
250 ml Gemüsebrühe
125 ml Sahne
Salz
frisch gemahlener weißer Pfeffer
100 g Bärlauch
2 EL Crème fraîche
1-2 TL milder Senf
1 TL Limettensaft

Zuerst die Bärlauchsauce herstellen.
Die Schalotte abziehen und fein würfeln. Den Sellerie waschen, schälen und in kleine Stücke schneiden. Das Öl in einem Topf erhitzen. Die Butter zufügen. Schalotte und Sellerie andünsten und mit Gemüsebrühe und Sahne ablöschen. Salzen, pfeffern und abgedeckt 15 Minuten kochen lassen, bis das Gemüse gar ist. Vom Herd nehmen.
Inzwischen den Bärlauch waschen, putzen und grob zerkleinern.
Die Bärlauchblätter hineingeben und mit dem Schneidstab pürieren.
Crème fraîche einrühren, kurz aufkochen lassen und mit Senf und Limettensaft würzen und abschmecken.

Für die Kartoffel-Quark-Plätzchen:
300 g mehligkochende Kartoffeln
200 g Quark
1 Ei
2 EL Mehl
Salz
frisch gemahlener weißer Pfeffer
abgeriebene Muskatnuss
1 TL Kurkuma
2 1/2 - 3 TL Currysenf
Sonnenblumen- oder Sojaöl zum Braten

Die Kartoffeln waschen, in der Schale in etwa 30 Minuten weich kochen, pellen und durch die Kartoffelpresse drücken. Mit Quark, Ei und Mehl verrühren und mit Salz, Pfeffer, Muskatnuss, Kurkuma und Currysenf gut abschmecken.
Öl in einer weiten Pfanne erhitzen und mit einem Esslöffel Quarkteig in die Pfanne gleiten lassen. Beidseitig in einigen Minuten goldgelb braten.
Mit der Bärlauchsauce servieren.

Tipp: Diese Kartoffel-Quark-Plätzchen vertragen auch einen scharfen Senf, der mit etwas Curry abgeschmeckt wurde.

Vegetarisch

Crespelle nach Florentiner Art

Für die Crespelle:
30 g Butter
75 g Mehl
125 ml Milch
2 Eier, Salz

Für die Crespelle die Butter zerlassen. Das Mehl mit der Milch verrühren. Die Eier zufügen. Die Butter unter Rühren zugießen und salzen.
Den Teig abgedeckt 30 Minuten quellen lassen.

Für die Füllung:
2-3 EL Vin Santo
30 g Rosinen
1 Mangoldstaude, etwa 300 g
20 g Butter, 50-60 ml Sahne
Salz, weißer Pfeffer
abgeriebene Muskatnuss
160 g Quark, 1 Ei
30 g gemahlene Mandeln
30 g geriebener Pecorino
2 TL Honigsenf

Für die Füllung die Rosinen in Vin Santo einlegen. Den Mangold waschen und putzen. Die Stiele hacken und die Blätter feinstreifig schneiden. Die Butter zerlassen und Stiele sowie Blätter darin andünsten. Nach einigen Minuten die Sahne angießen. Mit Salz, Pfeffer und Muskatnuss würzen. Bei mäßiger Temperatur 10 Minuten kochen lassen. Vom Herd nehmen, etwas abkühlen lassen und Quark, Ei, Mandeln und Käse sowie die eingeweichten Rosinen unterrühren. Mit Honigsenf, Salz und Pfeffer gut abschmecken.

Für die Sauce:
1 kleine Dose geschälte Tomaten, Inhalt 400 g, 240 g Abtropfgewicht
20 g Butter, 20 g Mehl
je 1/8 Liter Milch und Gemüsebrühe

Butter zum Braten und für die Form

50 g Gorgonzola, ersatzweise ein anderer Blauschimmelkäse

Für die Sauce die Tomaten vom Blütenansatz befreien und ohne Brühe pürieren. Die Butter in einem Topf zerlassen. Das Mehl einstreuen und unter Rühren durchschwitzen lassen. Milch und Gemüsebrühe nach und nach angießen. Die pürierten Tomaten zufügen. Mit Salz und Pfeffer würzen. 10 Minuten bei mäßiger Temperatur kochen.
Etwas Butter in einer kleinen Pfanne von 16 cm Durchmesser zerlassen. Sehr dünn mit Teig ausgießen. Dabei die Pfanne hin und her bewegen, so dass der Teig bis zum Rand fließen kann. Beidseitig goldgelb backen, herausnehmen und beiseite stellen, bis alle acht Crespelle gebacken sind.

Den Backofen auf 200 °C Umluft vorheizen. Eine Auflaufform von etwa 20 mal 30 cm mit Butter ausstreichen. Die Mangoldfüllung auf die Crespelle geben, aufrollen und in die vorbereitete Auflaufform nebeneinander legen. Mit der Sauce begießen und mit dem zerbröckelten Gorgonzola bestreuen. Etwa 10 Minuten im Ofen überbacken.

Bucatini mit Austernpilzen

1 Schalotte
1 Knoblauchzehe
2 Frühlingszwiebeln
400 g Austernpilze
125 g Mascarpone
3 EL Crème fraîche
1 TL Cayenne-Senf
1 TL Knoblauchsenf
2 EL Olivenöl
1 EL Butter
Salz
frisch gemahlener weißer Pfeffer
400 g Bucatini

Die Schalotte und die Knoblauchzehe abziehen. Die Schalotte würfeln und die Knoblauchzehe zerdrücken. Die Frühlingszwiebeln waschen und in dünne Ringe schneiden. Die Austernpilze putzen und etwas zerkleinern. Mascarpone, Crème fraîche, Cayenne- und Knoblauchsenf verrühren.
Das Olivenöl erhitzen. Die Butter zufügen und die Schalotte leicht andünsten. Die Austernpilze zufügen. 8 bis 10 Minuten garen.
2 Minuten vor Garende die Knoblauchzehe und die Frühlingszwiebeln hineingeben. Mit Salz und Pfeffer würzen.
Die Mascarponemischung zufügen und gut abschmecken.

Wasser erhitzen, salzen und die Bucatini bissfest nach Vorschrift des Herstellers kochen. Abgießen und mit Austernpilzen servieren.

Der ursprünglich aus Südostasien stammende Pilz lässt sich vielfältig verwenden und ist eine gute Alternative zu Fisch und Fleisch, da er reichlich Eiweiß enthält. Der milde Geschmack harmoniert gut mit Cayenne- und Knoblauchsenf.

Kürbis-Auflauf

600 g Kürbis, vorzugsweise Moschuskürbis
2 Schalotten
1-2 Knoblauchzehen
2 EL Olivenöl
1 EL Butter und Butter für die Förmchen
Salz,
weißer Pfeffer
abgeriebene Muskatnuss
5-6 EL konzentrierte Gemüsebrühe
400 g Gnocchi
1 TL gelbes Senfpulver
1 TL Speisestärke
150 g Frischkäse
2-3 Eier
60-70 g frisch geriebener Pecorino

Das Kürbisstück schälen, von Kernen befreien und das Fruchtfleisch in Stücke schneiden. Die Schalotten und die Knoblauchzehen abziehen und würfeln. Das Olivenöl in einem weiten Topf erhitzen, die Butter zufügen und Kürbis sowie Schalotten hineingeben.
Nach einigen Minuten den Knoblauch zufügen, salzen, pfeffern, mit Muskatnuss würzen und die Gemüsebrühe angießen.
Abgedeckt bei mäßiger Temperatur etwa 20 Minuten kochen lassen, bis der Kürbis weich ist.

Inzwischen die Gnocchi laut Vorschrift des Herstellers bissfest kochen. Vier feuerfeste Portionsförmchen mit Butter ausstreichen. Die Gnocchi einfüllen.
Den Backofen auf 190 °C Ober- und Unterhitze vorheizen.
Die Kürbisstücke pürieren. Das Senfpulver, die Speisestärke mit dem Frischkäse und Eiern unter die Kürbismasse rühren.
Das Kürbispüree über die Gnocchi geben. Mit Pecorino bestreuen und in den Backofen für 20 bis 25 Minuten stellen.

Tipp: Nach Belieben das Senfpulver mit einigen Löffeln Madeira oder Portwein anrühren.

Fische und Meeresfrüchte

Senf liebt das Meer: Internationale Fisch-Spezialitäten

Gegrillte Schnapperfilets mit Limetten-Senfsauce

1 1/2 Limetten
4 Filets vom Roten Schnapper, je etwa 180 - 200 g
Salz
150 g Crème fraîche
2 EL grober Senf, vorzugsweise Rottisseursenf
frisch gemahlener Pfeffer
1/2 TL Cayennepfeffer
1/2 - 1 TL Worcestershiresauce

Den Saft der Limetten auspressen. Die Fischfilets abspülen, trockentupfen, mit der Hälfte des Saftes beträufeln und salzen.
Den Grill vorheizen.
Ein Stück Alufolie auf den Rost legen und die Schnapperfilets darauf plazieren. Für etwa 10 Minuten unter den Grill geben, je nach Dicke der Fischstücke.

Inzwischen Crème fraîche mit Senf, Salz, Pfeffer, Cayennepfeffer, Worcestershiresauce und Limettensaft abschmecken. Zu dem Fisch servieren.
Dazu Reissalat reichen.

Der aus dem Westatlantik stammende Red Snapper ist ein delikater Speisefisch, mit weißem Fleisch und wenigen großen Gräten. Auch zum Braten, Backen und Füllen ist er gut geeignet. Er harmoniert ausgesprochen gut mit würzigem Senf.

Gefüllte Goldbrasse auf Gemüsebett

2 kleine küchenfertige Goldbrassen (Dorade royale) von je etwa 450 g oder eine größere
1 EL Zitronensaft
Salz
1-2 Schalotten
2 Knoblauchzehen
3-4 Stangen Sellerie
2 Mohrrüben
3-4 Tomaten
2 EL Olivenöl und 1 EL für die Form
50-60 g Butter
2 1/2 EL Basilikumsenf
60-70 g Semmelbrösel
frisch gem. schwarzer Pfeffer
200 ml trockener Weißwein

Die Goldbrassen waschen, trockentupfen, mit Zitronensaft beträufeln und salzen. Die Schalotten und Knoblauchzehen abziehen.
Die Schalotten würfeln und die Knoblauchzehen zerdrücken.
Das Gemüse waschen, putzen und klein schneiden. Die Tomaten überbrühen, häuten und in Scheiben schneiden.
Das Olivenöl in einem weiten Topf erhitzen. Schalotten, Knoblauch, Sellerie und Möhren leicht darin andünsten, ohne dass sie Farbe annehmen. Mit wenig Wasser ablöschen. Abgedeckt 5 Minuten garen und vom Herd nehmen.

Den Backofen auf 200 °C Umluft vorheizen. Eine Auflaufform, mit Olivenöl ausstreichen.

Butter, Basilikumsenf und Semmelbrösel verkneten. Mit Salz und Pfeffer würzen. Diese Mischung in die Bauchhöhle der Goldbrassen füllen. Das Gemüse in die Auflaufform geben. Die Goldbrassen daraufbetten und mit dem Wein begießen. In den Backofen für etwa 20 Minuten stellen. In der Form servieren.
Dazu Kartoffelschnee und den gleichen guten Wein, der zum Kochen genommen wurde, reichen.

Gratinierter Steinbeißer

1/2 Zitrone
4 Steinbeißerfilets, je etwa 200 g
Salz
1/2 Bund glattblättrige Petersilie
2 Knoblauchzehen
2 Eigelb
50 g Butter
4 EL Semmelbrösel
4 TL provençalischer Senf
1 TL Mehl
3 EL Olivenöl

Den Saft der Zitrone auspressen. Die Fischfilets abspülen, trockentupfen, mit Zitronensaft beträufeln und salzen. Die Petersilie waschen, trockentupfen, die Blättchen von den Stielen zupfen und hacken. Die Knoblauchzehen abziehen und zerdrücken, mit Eigelb, weicher Butter, Petersilie, Semmelbrösel und Senf verrühren.
Den Grill vorheizen.
Die Fischfilets mit Mehl bestäuben.
Das Olivenöl in einer Pfanne erhitzen und die Fischstücke kurz beidseitig einige Minuten braten.
Mit der Petersilien-Senf-Paste bestreichen und kurz unter den Grill stellen.
Mit Reis oder Kartoffelsalat servieren.

Glasbläser Heringe

4 Salzheringe
3 rote Zwiebeln
1 Mohrrübe
1 Stück frischer Ingwer, etwa 4 cm
1 Stück frischer Meerrettich
1/4 Liter Weißweinessig
45 g Zucker
6-7 Pimentkörner
4 weiße Pfefferkörner
4-5 Korianderkörner
2 TL gelbe Senfkörner

Die Salzheringe 12 Stunden wässern, filetieren und in 2 1/2 bis 3 cm dicke Stücke schneiden.
Die Zwiebeln abziehen und in dünne Ringe schneiden. Die Mohrrübe schaben und in feine Scheiben schneiden. Den Ingwer schälen, den Meerrettich schaben und beides getrennt hacken.
Weißweinessig mit 350 ml Wasser und Zucker 15 Minuten kochen, dann abkühlen lassen.
Schichtweise Heringe, Zwiebeln und Mohrrübe mit Ingwer, Meerrettich, Piment-, Pfeffer-. Koriander- und Senfkörnern in ein weites Glas schichten.
Mit der Marinade begießen, bis alles bedeckt ist.
Verschließen und gekühlt 2 bis 3 Tage stehen lassen.

Klippfisch-Küchelchen

Für etwa 8 Stück
200 g Klippfisch
400 ml Milch zum Kochen des Klippfischs
200-350 g mehligkochende Kartoffeln
1 Bund Dill
2 Eier
2 EL Mehl
frisch gemahlener weißer Pfeffer
2-3 TL Schalottensenf
1 TL Honigsenf
Olivenöl zum Braten

Den Klippfisch 24 bis 30 Stunden in kaltem Wasser einweichen und gekühlt stehen lassen. Das Wasser mehrfach wechseln.
Den Klippfisch in Milch 12 bis 15 Minuten köcheln lassen. Anschließend von Haut und Gräten befreien und in Stücke zupfen.
Die Kartoffeln waschen, in der Schale in etwa 30 Minuten weich kochen, pellen und durch die Kartoffelpresse drücken. Den Dill waschen und hacken.
Kartoffeln, Klippfisch, Eier, Mehl und Dill miteinander vermischen. Pfeffer und beide Senfsorten hinzufügen, gut abschmecken. Gekühlt 15 Minuten stehen lassen.
Öl in einer weiten Pfanne erhitzen und aus dem Fischteig mit einem Esslöffel flache Küchelchen in die Pfanne gleiten lassen. Auf jeder Seite etwa 5 bis 6 Minuten goldgelb braten. Herausnehmen, auf Küchenkrepp abtropfen lassen und mit einer Remouladensauce servieren.

Für die Remouladensauce:
2 Essiggurken
Kräuter wie Kerbel, Dill, Estragon, Petersilie
2 TL Senf
1 EL Kapern
100 g Mayonnaise
50 g milder Naturjoghurt

Essiggurken in sehr kleine Stücke schneiden. Die Kräuter waschen, trockentupfen, die Blättchen von den Stielen zupfen und hacken. Alles zusammen mit Senf und Kapern unter die Mayonnaise und den Joghurt rühren.

Tipp: Für die schlanke Linie kann anstelle von Mayonnaise Quark verwendet werden.

Das Trocknen von Fisch war in früheren Zeiten eine Methode ihn für längere Zeit haltbar zu machen. Dazu wurde er ausgenommen und zum Trocknen in die Sonne auf Klippen gelegt, daher die Bezeichnung. Beim Stockfisch fand das Trocknen auf Holzgerüsten statt.

Gebratene Riesengarnelen mit Sherry-Senf-Dip

Für den Sherry-Senf-Dip:
1 Knoblauchzehe
2 Eigelb
1 EL Dijon-Senf
Salz
150 ml Olivenöl
3 - 4 EL trockener Sherry
1 TL Limettensaft
frisch gemahlener weißer Pfeffer

12 - 16 Riesengarnelenschwänze in der Schale
2 - 3 EL Olivenöl
1 EL Butter
Salz
frisch gemahlener weißer Pfeffer
1 - 2 Zweige frisches Basilikum

Zunächst den Sherry-Senf-Dip herstellen. Alle Zutaten sollten Zimmertemperatur haben. Die Knoblauchzehe abziehen und zerdrücken. Eigelb mit Dijon-Senf in eine Schüssel geben. Knoblauch und Salz zufügen. Unter ständigem Rühren zunächst tropfenweise, dann in dünnem Strahl das Olivenöl zufügen. Wenn die Mayonnaise dick ist mit Sherry, Limettensaft, Salz und Pfeffer würzen.

Die Riesengarnelenschwänze der Länge nach halbieren und den Darm entfernen. Die Garnelenschwänze abspülen und trockentupfen.
Das Olivenöl in einer großen Pfanne erhitzen, die Butter zufügen und die Garnelen auf der Fleischseite 2 Minuten braten, umdrehen und auf der Schalenseite 1 - 2 Minuten braten. Mit Salz und Pfeffer würzen. Die Garnelen sollten gerade gar und noch ein wenig glasig sein.
Mit Basilikumblättchen garnieren und mit dem Sherry-Senf-Dip servieren.

Tipp: Alternativ kann Mayonnaise mit Ingwersenf, Tomatenketchup, Cognac, Crème fraîche, Naturjoghurt oder Crème double verrührt werden. Mit Salz, Pfeffer, einigen Tropfen Tabasco und gehacktem frischen Dill abschmecken. Die Garnelen dann mit Dillzweig garnieren.

Geflügel, Fleisch, Wild

Deftigen Gerichten gibt Senf Aroma und Verträglichkeit

Hähnchen in Fenchelsauce

1 küchenfertiges Hähnchen, etwa 1 - 1,2 kg Gewicht
50 g magerer geräucherter Bauchspeck
4 EL Sonnenblumen- oder Sojaöl
Salz, weißer Pfeffer
1 TL Fenchelsamen
1 EL Mehl
1/4 Liter Hühnerbrühe
1/8 Liter Weißwein
2 Msp. Curry
1 TL Speisestärke
5 EL süße Sahne
1 EL milder Senf

Das Hähnchen in 8 Stücke zerlegen. Den Bauchspeck in kleine Würfel schneiden.
Das Öl in einem weiten Topf erhitzen. Die Hühnerteile von allen Seiten gut anbraten und mit Salz, Pfeffer und Fenchelsamen würzen. Mit Mehl bestäuben, durchschwitzen lassen und mit Hühnerbrühe und Wein ablöschen.
Bei mäßiger Temperatur etwa 35 Minuten garen.

Curry, Speisestärke und Sahne verrühren und zu dem Hähnchen geben. Einige Minuten köcheln lassen. Den Senf zufügen, gut abschmecken und vom Herd nehmen.

Mit Teigwaren oder Reis und einem frischen Salat servieren.

Tipp: Beim Kauf des Hähnchens sollte man darauf achten, dass es aus Freilandhaltung stammt. Sie haben eine feine fettarme Haut und festes Muskelfleisch.

Fleischspieße Maurische Art

600 g Lammfleisch
6-8 Rosmarinzweige
1 kleine Zwiebel
1-2 Knoblauchzehen
Salz
frisch gemahlener schwarzer Pfeffer
2-3 TL Currysenf
2 Msp. Paprikapulver, edelsüß
2 Msp. getrockneter Thymian
2 Msp. gem. Koriandersamen
1 EL Zitronensaft
6 EL Olivenöl

Das Fleisch in etwa 4 cm große Würfel schneiden. Von den Rosmarinzweigen die Nadeln abstreifen bis auf die Spitzen und beiseite legen.
Die Zwiebel und die Knoblauchzehen abziehen. Die Zwiebel fein reiben und die Knoblauchzehen zerdrücken. Zusammen mit Salz, Pfeffer, Currysenf, Paprikapulver, Thymian, einigen gehackten Rosmarinnadeln, Koriander, Zitronensaft und Olivenöl mischen. Die Fleischwürfel hineingeben und abgedeckt im Kühlschrank 30 Minuten ruhen lassen; gelegentlich die Fleischwürfel wenden.

Die Rosmarinzweige anspitzen, so dass sie leicht mit den aus der Marinade genommenen Fleischwürfeln bestückt werden können. Die Fleischspieße am besten über Holzkohle unter gelegentlichem Wenden grillen, bis die gewünschte Garstufe erreicht ist oder auf Alufolie gelegt, den Elektrogrill benutzen.

Tipp: Nach Belieben Senfbutter dazu reichen:
125 g weiche Butter mit 2 Esslöffeln mittelscharfem Senf, abgeriebener unbehandelter Limettenschale, etwas Limettensaft, Salz und Pfeffer verrühren und mit einigen Tropfen Worcestershiresauce abschmecken. Vor dem Servieren gut kühlen. Diese Senfbutter lässt sich gut auf Vorrat herstellen und einfrieren.
Dazu schmecken knuspriges Baguette und Tomatensalat.

Kalbsleber auf Venezianische Art

1-2 Gemüsezwiebel
1 Bund glattblättrige Petersilie
1/2 - 1 Zitrone
550-600 g Kalbsleber
4 EL Olivenöl
40 g Butter
Salz
frisch gemahlener Pfeffer
2-3 TL milder Senf

Die Gemüsezwiebeln abziehen, halbieren und in dünne Halbringe schneiden. Die Petersilie waschen, trockentupfen, die Blättchen von den Stielen zupfen und hacken. Die Zitrone in Spalten schneiden.
Die Kalbsleber von Sehnen befreien und in dünne Scheiben schneiden.
Die Hälfte des Olivenöls in einer weiten Pfanne erhitzen.
Die Hälfte der Butter zufügen und die Zwiebeln bei mäßiger Temperatur andünsten, ohne dass sie Farbe annehmen. Mit einem Deckel abdecken und weich dünsten. Das dauert etwa 20 Minuten.
Mit Salz und Pfeffer würzen. Die Zwiebeln herausnehmen und warmhalten.
Die Pfanne auswischen.
Das restliche Öl und die Butter darin erhitzen. Die Leberstreifen unter häufigem Wenden anbraten. Die Zwiebeln zufügen und untermischen. Die Leber sollte gerade nur durchgebraten sein. Zu langes Braten macht sie hart und zäh. Vom Herd nehmen, salzen und pfeffern. Den Senf einrühren und die Petersilie zufügen.

Auf einer vorgewärmten Platte mit Zitronenspalten garniert servieren.

Tipp: Pasta und ein spritziger Wein runden das Essvergnügen ab.

Boudin im Blätterteig

2-3 EL Öl
150-200 g Boudin
ersatzweise Blutwurst
1 rote Zwiebel
1 Apfel
etwa 6 Scheiben Blätterteig, TK
20 g Butter
1-2 EL Crème fraîche
Salz
2 Msp. getrockneter Majoran
etwa 2 TL Senf mit grünem Pfeffer
1 Ei
1 EL Milch

Das Öl in einer Pfanne erhitzen und die Boudin darin beidseitig einige Minuten braten. Herausnehmen und die Pfanne auswischen. Die Zwiebel abziehen und fein hacken. Den Apfel schälen, vom Kerngehäuse befreien und würfeln. Den Blätterteig auf der Arbeitsfläche ausbreiten und zu Quadraten schneiden.
Die Butter in der Pfanne zerlaufen lassen und Zwiebel sowie Apfelwürfel darin einige Minuten dünsten. Crème fraîche zufügen und mit Salz, Majoran und Senf gut abschmecken, vom Herd nehmen. Die Boudin in Scheiben schneiden.

Das Ei trennen. Eigelb und Milch verrühren.
Den Backofen auf 200 °C Ober- und Unterhitze vorheizen.
Auf das obere Drittel des Blätterteigs Boudin mit Apfel-Zwiebelmasse geben, die Ränder mit Eiweiß bestreichen und zum Dreieck falten.
Die Ränder gut aneinander drücken. Nach Belieben mit einer Gabel eine Verzierung drücken. Die Blätterteigdreiecke mit dem verrührten Eigelb bestreichen und die Dreiecke auf ein mit kaltem Wasser abgespültes und nicht abgetrocknetes Blech geben.
Für etwa 20 Minuten in den Backofen stellen, bis der Blätterteig aufgegangen und goldgelb ist.

Senfbraten mit Calvados und Äpfeln

Für 6 Personen
1 1/2 kg Schweineschulter ohne Knochen
3 EL Estragonsenf
4 EL Öl
50 g Rosinen
1-2 Gläschen Calvados
2 Zwiebeln
1 Zitrone
4-5 Äpfel
50 g Butterschmalz
Salz
frisch gem. weißer Pfeffer
1/4 Liter trockner Weißwein, vorzugsweise Riesling
1/8 Liter süße Sahne
1 EL grober Dijon-Senf

Das Schweinefleisch am Abend vorher mit Senf einreiben, mit dem Öl begießen und abgedeckt in den Kühlschrank stellen.
Die Rosinen in Calvados einlegen.

Am nächsten Tag die Zwiebeln abziehen und fein würfeln. Die Zitrone auspressen. Die Äpfel schälen, vom Kerngehäuse befreien und mit dem Zitronensaft beträufeln.
Den Backofen auf 200 °C Ober- und Unterhitze vorheizen.
Das Butterschmalz in einem Bräter erhitzen und das Schweinefleisch kurz von allen Seiten anbraten, salzen und pfeffern. Die Zwiebeln und die Hälfte der Äpfel zufügen. Nach etwa 10 Minuten den Wein angießen und die eingelegten Rosinen zufügen.
Abgedeckt bei mäßiger Temperatur etwa 60 Minuten schmoren.
10 Minuten vor Ende der Garzeit die restlichen Äpfel zugeben.
Zum Schluss die Sahne mit dem Dijon-Senf verrühren und zufügen.

Nach Belieben mit Kartoffelklößen servieren.

Tipp: Ein ganz neues Geschmackserlebnis erfährt man bei Verwendung von Schlesischem Senf, der mit Kümmel zubereitet wird.

Kammrouladen

- 2 Zwiebeln
- 2 Gewürzgurken
- 4 dünne, große und magere Scheiben vom Schweinekamm (vom Metzger schneiden lassen)
- Salz, schwarzer Pfeffer
- 1 TL Paprikapulver, edelsüß
- 4 EL Senf, vorzugsweise Rotisseur- oder provençalischer Senf
- 4 dünne Scheiben magerer geräucherter Bauchspeck
- 4-5 EL Olivenöl
- 1 kleine Dose Tomaten
- 1 EL Speisestärke
- 100 ml Gemüsebrühe
- 75 g Crème fraîche

Die Zwiebeln abziehen und in Spalten, die Gurken in Streifen schneiden. Das Fleisch salzen, pfeffern, mit Paprikapulver bestreuen und mit Senf bestreichen.
Die Bauchspeckscheiben auf die Rouladen geben, ebenso einige Zwiebelspalten und Gurkenstücke. Die Fleischscheiben aufrollen und mit Küchengarn umwickeln.

Das Olivenöl in einem Bräter oder einem weiten Topf erhitzen. Die Kammrouladen von allen Seiten anbraten.
Nach 5 bis 6 Minuten die restliche Zwiebel zufügen, kurz weiterbraten und die Tomaten darum verteilen. Abgedeckt etwa 35 Minuten schmoren.

Die Speisestärke mit der Gemüsebrühe verrühren. Die Rouladen herausnehmen. Die angerührte Speisestärke in die Garflüssigkeit rühren und 5 Minuten köcheln lassen, pürieren und mit Crème fraîche verfeinern. Gut würzen, eventuell die Kammrouladen nochmals darin erhitzen.
Mit Spätzle oder Schupfnudeln servieren.
Feldsalat oder auch Selleriemousse sind eine ideale Ergänzung.

Tipp: Anstelle der Scheiben vom Schweinekamm, Rindfleischscheiben aus der Oberschale verwenden. Dann wird gern mit etwas Rotwein abgelöscht. Liebhaber von Herzhaftem verwenden auch gern einen scharfen Senf.

Steaks vom Straußenfilet in Zitronen-Senfmarinade

Für die Marinade:
3 unbehandelte Zitronen
1 kleine rote und 1 grüne mittelscharfe Chilischote
2 El Honigsenf
4 El Erdnussöl
2 Zweige Zitronenthymian

Die Zitronen heiß waschen. Die Schale einer Zitrone abreiben, den Saft von allen auspressen und in eine Schüssel gießen.
Die Chilischoten aufschneiden, von Kernen und Zwischenwänden befreien und in kleine Stücke schneiden.
Zusammen mit Honigsenf, Erdnussöl und einem Zitronenthymianzweig zum Zitronensaft geben. Die Straußensteaks hineinlegen und etwa 3 Stunden marinieren.

4 Steaks vom Straußenfilet je 125 - 140 g
3 EL Sojaöl
1 EL Butter
Salz
frisch gem. schwarzer Pfeffer
125 ml Crème double

Die Steaks herausnehmen und abtropfen lassen.
Das Sojaöl in einer Pfanne erhitzen, die Butter zufügen und die Steaks beidseitig etwa 5 Minuten braten. Mit Salz und Pfeffer würzen, herausnehmen und im Backofen warmhalten. Einen Teil der Marinade in die Pfanne geben und mit Crème double einkochen. Mit Salz und Pfeffer würzen.
Die Sauce zu den Steaks servieren und mit den restlichen Zitronenthymianblättchen garnieren.
Dazu passen Folienkartoffeln und frischer Salat oder Polenta und gedämpftes Gemüse.

Hasenrückenfilets mit Senf-Kräuterkruste

Für 4-6 Personen
4 Hasenrückenfilets
Salz
frisch gem. schwarzer Pfeffer
3 EL Dijon-Senf
1/2 - 1 Bund glattblättrige Petersilie
1/2 Bund frischer Thymian
2 Zweige Rosmarin
2 Zweige frischer Oregano, ersatzweise getrockneter
1 Knoblauchzehe
1 TL unbehandelte abgeriebene Limettenschale
5 EL Semmelbrösel
2-3 EL Olivenöl
2 EL Butterschmalz
1 Zwiebel
125 ml Wildfond
125 ml Rotwein
300 ml Sahne
1 EL Tomatenketchup
1/2 TL Wildgewürz

Die Hasenrückenfilets salzen, pfeffern und mit 2 EL Senf bestreichen. Den Backofen auf 210 °C Ober- und Unterhitze vorheizen.

Die Kräuter waschen, trockentupfen, die Blättchen von den Stielen zupfen und hacken. Den Knoblauch abziehen und zerdrücken. Kräuter, Knoblauch, Limettenschale, restlichen Senf, Semmelbrösel und Olivenöl verrühren. Diese Mischung auf die Filets streichen.

Das Butterschmalz in einen Bräter geben und auf dem Herd erhitzen, die Hasenrückenfilets hineingeben und in den Backofen für etwa 10 Minuten stellen.

Inzwischen die Zwiebel abziehen und würfeln.
Die Hasenrückenfilets herausnehmen und warmhalten. Die Zwiebel im Bratfett andünsten. Mit Wildfond, Rotwein und Sahne ablöschen, einkochen, pürieren und mit Tomatenketchup, Salz, Pfeffer und Wildgewürz abschmecken.
Die Hasenrückenfilets mit der Sauce servieren.

Tipp: Besonders gut dazu schmecken Spätzle, vor allem wenn sie selbst hergestellt sind.

Wildgewürz ist eine Mischung aus Wacholderbeeren, Salz, Pfeffer, Paprika, Nelken, Piment, Thymian, Salbei, Beifuß, Estragon, Rosmarin, Ingwer, Lorbeerblätter, oft auch Zitronenschale und Petersilie.

Wildgulasch unter der Blätterteighaube

2-3 Zwiebeln
2 Mohrrüben
je 5 Wacholderbeeren, Piment-, Pfeffer- und Korianderkörner
2 Lorbeerblätter
100 g magerer, geräucherter Speck
4 EL Öl
600 g Wildgulasch (Wildschwein und Hirsch)
Salz
etwa 375 ml Wildbrühe
etwa 375 ml Rotwein
2 EL Crème fraîche
2 EL milder Senf
frisch gem. schwarzer Pfeffer
1 Ei
1 EL Milch
1 oder 2 Scheiben Blätterteig (TK)

Die Zwiebeln abziehen und würfeln. Die Mohrrüben schaben und in dünne Scheiben schneiden. Die Wacholderbeeren und Gewürzkörner leicht zerdrücken und mit den Lorbeerblättern in ein Gewürzsäckchen füllen. Den Speck in kleine Stücke schneiden.

Das Öl mit dem Speck in einen weiten Topf geben und braten. Portionsweise Wildgulasch zugeben und unter Rühren gut anbraten. Zwiebeln und Mohrrüben zufügen. Einige Minuten weiterbraten und salzen. Mit einem Teil der Brühe und des Weins ablöschen.
Das Gewürzsäckchen zufügen und abgedeckt 1 bis 1 1/4 Stunden bei mäßiger Temperatur garen. Hin und wieder Wein und Brühe nachgießen, bis das Fleisch gar ist.
Das Kräutersäckchen herausnehmen, Crème fraîche und Senf zufügen und gut abschmecken.
Den Backofen auf 200 °C Ober- und Unterhitze vorheizen.
Das Fleisch in eine feuerfeste Schüssel oder in vier kleine Portionsschalen geben. Das Ei trennen. Eigelb mit der Milch verrühren. Den Blätterteig ausrollen. Den Rand der Schüssel mit Eiweiß bestreichen. Den Blätterteig darauf legen, andrücken und aus den Resten Verzierungen schneiden.
Die Blätterteigplatte mit dem verrührten Eigelb bestreichen. Einige Luftlöcher in die Platte stechen, damit die Luft entweichen kann. Für etwa 20 Minuten in den Ofen geben, bis der Blätterteig goldgelb ist.

Deesrts, Backwaren, Getränke

Und wieder kitzelt er die Zunge: Schokoladen-Senfparfait und andere Spezialitäten

Schokoladen-Senf-Parfait mit kandiertem Ingwer

100 g weiße Kuvertüre
375 ml süße Sahne
2 TL Honigsenf
etwa 4 Stückchen kandierter Ingwer und 2 EL Sirup
1/4 Liter Milch
4 Eigelb
60 g Zucker

Die weiße Kuvertüre grob zerkleinern. Mit 125 ml Sahne in einen Topf geben. Bei mäßiger Temperatur schmelzen lassen. Vom Herd nehmen und den Honigsenf einrühren. Den Ingwer hacken. Die Milch erhitzen. Eigelb und Zucker verrühren. Die heiße Milch nach und nach zugeben und zur Rose abziehen. Mit der Kuvertüremasse und dem Ingwer sowie den 2 EL Ingwersirup mischen. Nach dem völligen Erkalten die restliche Sahne schlagen und unterheben. In Portionsförmchen gießen oder in eine Kastenform geben. Etwa 3 Stunden in den Gefrierschrank stellen. Zum Stürzen kurz in warmes bis heißes Wasser tauchen. Nach Belieben auch in Scheiben schneiden und mit Erdbeerfruchtsauce servieren.

Tipp: Zur Rose abziehen bedeutet, die Masse im Topf so lange erhitzen, bis sie auf dem Holzlöffel liegen bleibt. Die Kringel erinnern in ihrer Form an eine Rose.

Grießauflauf mit Kokosnuss und Orangensenf

400 ml Kokosnussmilch
40 g Zucker
60 g Hartweizengrieß
30 g Butter und 10 g für die Form
1 - 2 Eier
125 g Schichtkäse
2 TL Orangensenf

Die Kokosnussmilch mit Zucker aufkochen. Den Hartweizengrieß einstreuen und unter Rühren etwa 8 Minuten kochen. Die Butter zufügen. Den Backofen auf 175 °C vorheizen. Eine Auflaufform mit Butter ausstreichen. Die Eier trennen. Das Eiweiß steifschlagen. Den Schichtkäse und das Eigelb mit dem Orangensenf in den Grießbrei rühren, das Eiweiß unterheben. Für etwa 20 Minuten in den Backofen stellen, bis die Masse goldgelb ist.

Dieser Grießauflauf ist pur schon ein Genuss, aber mit Kompott oder Rumtopffrüchten wird er unwiderstehlich.

Frische Litschis mit kalter Senfsauce

Für die Senfsauce:
8 EL süße Sahne
250 g cremiger Naturjoghurt
4 EL süßer Senf
2 EL Cassis de Dijon-Senf

500-600 g frische Litschis
einige kleine frische Minzblättchen

Alle Zutaten für die Senfsauce verrühren und kalt stellen.
Die Litschis von Schale und Kernen befreien.
Das Fruchtfleisch auf Tellern verteilen, mit der Sauce begießen und mit Minzblättchen garniert servieren.

Tipp: Litschis sind in der chinesischen Küche sehr geschätzt. Anstelle von süßem Senf und Cassis de Dijon-Senf einmal Honigsenf verwenden und mit Rosenwasser abschmecken.

Profiteroles mit Limetten-Senfcrème

Für 12 Stück
1/8 Liter Milch
20 g Butter
1 Msp. Salz
60 g Mehl, 2 Eier

Für die Füllung:
125 g kl. Erdbeeren
2 Eigelb
200 ml gesüßte Kondensmilch
4 EL Limettensaft
1 TL Limettensenf
2 TL Puderzucker

Den Backofen auf 210 °C vorheizen. Ein Blech mit Backpapier auslegen.
Die Milch mit der Butter aufkochen, das Salz zufügen und das gesiebte Mehl in die kochende Flüssigkeit geben. Zu einem Kloß abrühren und vom Herd nehmen. Nach 1 - 2 Minuten die Eier nacheinander einrühren.
Mit 2 Teelöffeln 12 Teighäufchen auf das Backblech setzen und für etwa 25 Minuten backen. Nach halber Zeit die Temperatur auf 190 °C reduzieren.
Die Erdbeeren waschen und trockentupfen.
Die Eigelbe mit der Kondensmilch verrühren und Limettensaft sowie Limettensenf einrühren.
Von den Profiteroles das obere Drittel aufschneiden.
Die Erdbeeren und die Limetten-Senfcrème einfüllen. Mit wenig Puderzucker bestreut servieren.

Profiterole - französisch = kleine Gefälligkeit.
Die Miniwindbeutel lassen sich vielfältig füllen, sehen appetitlich aus und schmecken vorzüglich.

Orangenquark-Terrine mit Dattelsauce

8 Blatt weiße Gelatine
250 g Quark
160 g Orangenmarmelade
4 TL Orangensenf
200-250 ml süße Sahne

Die Gelatine in kaltem Wasser einweichen. Den Quark mit der Orangenmarmelade und dem Orangensenf verrühren. Die Hälfte der süßen Sahne erwärmen und die ausgedrückte Gelatine darin auflösen, mit dem Orangenquark vermischen. Die restliche Sahne steif schlagen und unterziehen. In vier Tassen oder Förmchen füllen und zum Festwerden in den Kühlschrank stellen.

Für die Dattelsauce:
4 Orangen
12-14 frische Datteln
2 EL brauner Rohrzucker
nach Belieben 4 EL Orangenlikör z. B. Cointreau
1 TL Honigsenf
3 TL gehackte Pistazienkerne

Eine Orange schälen und filetieren. Die restlichen Orangen auspressen. Die Datteln der Länge nach halbieren und entsteinen. Den Zucker in einen Topf geben und schmelzen, kurz karamellisieren lassen und mit dem Orangensaft ablöschen. Kurz aufkochen und mit dem Orangenlikör und Honigsenf verfeinern. Orangenfilets und Datteln zufügen und völlig erkalten lassen.

Vor dem Stürzen die Tassen oder Förmchen kurz in heißes Wasser tauchen und mit Datteln, Orangenfilets und Sud umkränzt anrichten. Mit Pistazienkernen bestreuen.

Dinkelbrot mit Senfmehl

200 g Dinkel, 100 g Weizen
8 g Sauerteigextrakt (1/2 Tütchen)
6 g Trockenhefe (1/2 Tütchen)
3 EL Rapsöl
1-2 TL gelbes Senfmehl
1 Msp. gem. Koriander
1 Msp. gem. Ingwer, 1/2 TL Kurkuma
1/2 TL Kümmel, 1/2 TL Anis
Salz
frisch gemahlener weißer Pfeffer

Butter für das Blech

Das Getreide frisch mahlen.
Alle Zutaten zu einem geschmeidigen Teig verarbeiten und abgedeckt etwa 2 Stunden ruhen lassen.

Den Backofen auf 175 °C Umluft oder 200 °C Unter- und Oberhitze vorheizen. Ein Backblech einfetten.

Den Teig nochmals durchkneten und zu einem Laib formen. Das Brot auf das vorbereitete Blech geben und für etwa 40 Minuten in den Backofen stellen.

Senfbrötchen

Für etwa 12 Stück
Für den Teig:
100 g Vollkornweizenmehl
100 g Weizenmehl
2 TL Trockenhefe
1 TL Zucker
80 g Butter
1 Ei
Salz
2 TL Currysenf

Butter für das Blech

Zum Bestreichen der Brötchen:
1 Eigelb
1 EL Milch
1 1/2 TL gelber Senfsamen

Die beiden Mehlsorten mit Trockenhefe, Zucker, weicher Butter, Ei, Salz, Currysenf und 2 - 3 Esslöffeln Wasser zu einem homogenen Teig verarbeiten. Abgedeckt bei Zimmertemperatur 2 Stunden gehen lassen.
Ein Backblech mit Butter ausstreichen.
Den Teig erneut kneten, eine Rolle formen und diese in gleichmäßige Stücke teilen. Runde kleine Brötchen formen, etwas flach drücken und diese auf das Blech setzen. Nochmals 1 Stunde gehen lassen.
Den Backofen auf 180 °C Umluft vorheizen.
Eigelb und Milch verrühren. Die Brötchen damit bestreichen und mit dem Senfsamen bestreuen.
In den Backofen für etwa 20 Minuten stellen.

Melonencocktail

Melone von etwa 500 g, wie Cantaloupe, Charante oder Honigmelone
1/4 Liter süße Sahne
1/8 Liter Milch
nach Belieben 5 cl halbtrockener Sherry
1 TL Honigsenf
1/2 TL Senf mit grünem Pfeffer

Die Melone aufschneiden, schälen, von Kernen befreien und das Fruchtfleisch pürieren. Sahne, Milch, nach Belieben Sherry zufügen und mit den beiden Senfsorten abschmecken. Gekühlt im Longdrinkglas servieren.

Max el Vivo

Für 1 Glas
3 cl Cointreau Spirit of Citrus
2 cl Senf-Kräuterlikör
5 cl Orangensaft
10 cl Cava Brut

Spirit of Citrus, Senf-Kräuterlikör und Orangensaft verrühren.
In eine Sektschale abgießen und mit gut gekühltem Cava Brut auffüllen.

Tiempo Libre

Für 1 Glas
3 cl Crème de Orujo (Oliventrester)
1/2 TL Honigsenf
5 cl Bananennektar
8 cl Orangensaft
Eiswürfel, einige Scheiben Bananen und grüne mit Paprika gefüllte Oliven

Crème de Orujo, Honigsenf, Bananennektar und Orangensaft im Shaker mit Eiswürfeln schütteln und in ein Becherglas abgießen. Einen Spieß mit Bananenscheiben und Oliven auf den Glasrand legen.

Bezugsquellen

Exklusive Senfmühlen Deutschland

Historische Senfmühle Monschau anno 1882
Laufenstr. 118, 52156 Monschau
Tel. 02472 / 22 45
info@senfmuehle.de
www.senfmuehle.de
Auf einer alten, in der 4. Generation vererbten Senfmühle werden 14 Sorten Senf auf kaltem Wege hergestellt. Qualität und Tradition seit 1882.

Kunstmühle Kleinhettstedt
Senfmühle, Nr. 44,
99326 Kleinhettstedt
Tel. 03629 / 53 96 oder 80 10 37
senfmuehle@gmx.de
www.premium-senf.de
Größeres Mühlengehöft, im 16. Jahrhundert erstmals erwähnt. Produktion von 15 hochwertigen Senfsorten. Besichtigung nach telefonischer Absprache.

Zimmermanns Senf
Hebewerkstr. 81, 16248 Niederfinow
Tel. 033362 / 70 713
senf.zimmermann@gmx.net
www.niederfinow-senf.de
Der Senfspezialist aus Brandenburg. 20 Sorten, grobkörnig mit frischen Zutaten und ohne Chemie.

Alte Senfmühle Terhorst GmbH
Richard-Lucas-Str. 10
41812 Erkelenz
Tel. 02431 / 78 61 60
info@terhorst-gewuerze.de
www.terhorst-gewuerze.de
Senfsorten: mittelscharf, süß, scharf, Bärlauch-, Pfeffer-, Grill-Senf, Senfkörner, Senfmehl, Gewürze.

Historische Senfmühle Wolfgang Steffens
Stadionstr. 1, 52812 Cochem-Cond
Tel. 02671 / 60 76 65
info@senfmuehle.net
www.senfmuehle.net

Euro-Mühlen-Center
Bahnhofstr. 16, 54587 Birgel,
Kreis Daun, Tel. 06597 / 92 820
info@moulin.de, www.moulin.de
Im Euro-Mühlen-Center kann man nicht nur eine Senfmühle besichtigen, sondern auch „selber Senf machen“!

Oldenburger Mühle Gruner & Fey GmbH
Gerhard-Stalling-Strasse 1 + 3
26135 Oldenburg
Tel. 0441 / 68 41 199
info@senfmuehle-oldenburg.de
www.senfmuehle-oldenburg.de
Restaurierte Holländermühle mit Restaurant und Senfmühle.

AUSGEWÄHLTE GRÖßERE SENFPRODUZENTEN DEUTSCHLAND

Burkhardt Feinkostwerke GmbH
Oberdieberg 2, 83544 Albaching
Tel. 08071 / 59 57 – 0
www.burkhardt-feinkost.de

BYODO Naturkost GmbH
Edisonstr. 3, 84453 Mühldorf
Tel. 08631 / 36 29 – 0
www.byodo.de
Bioland-Senf (verschiedene Sorten)

Develey Senf Feinkost GmbH
Ottobrunner Str. 45
82008 Unterhaching/München
Tel. 089 / 61 102 – 0, www.develey.de

Luise Händlmaier GmbH & Co. KG
Eschenbacher Str. 2
93057 Regensburg
www.haendlmaier.de
Senf, Senf-Saucen, Meerrettich
In alle gut sortierten Geschäften des Lebensmittelhandels erhältlich.

Richard Hengstenberg GmbH & Co. KG
Mettinger Strasse 109
73728 Esslingen, Tel. 0711 / 39 29-0
www.hengstenberg.de

Bezugsquellen

Jeckstädt & Co.
Hofer Str. 70, 95145 Oberkotzau
Tel. 09286 / 95 20 – 0
www.siebenstern.de

Kochs Meerettich GmbH
Judengasse 6-8, 91083 Baiersdorf
Tel. 09133 / 77 49 3, www.kochs.cc
5 exklusive Dijon-Senf-Sorten

Carl Kühne KG (GmbH & Co.)
Schützenstr. 38, 22761 Hamburg
Tel. 040 / 85 30 50, www.kuehne.de
Kühne Senf gibt es in 5 Sorten: mittelscharf, scharf aus Dijon, bayerisch-süß, körnig, mit Kräutern

Düsseldorfer Löwensenf GmbH
Kieshecker Weg 240, 40468 Düsseldorf, Tel. 0211 / 41 59 – 0
www.loewensenf.de

Schamel – Erste bayerische Meerrettich
91083 Baiersdorf, Tel. 09133 / 77600
www.schamel.de, Meerrettich-Senf

FRANKREICH

Huiles et moutardes de Carroux
Rue de la poulaillerie
F-03140 Charroux
Tel. 0033 / (0) 47 05 66 525

Edmond Fallot
31, rue du Faubourg Bretonnière
F-21200 Beaune, www.fallot.com

Liebig Maille Amora
48, quai Nicolas Rolin
F-21017 Dijon cedex
www.amora.com

Champ´s
530, rue de Paris, BP 128
F-60771 Ribécourt
Tel. 0033 / (0) 34 47 68 115
www.la-moutarde.com

Covinor
139, rue Marcel Sembat
F-59590 Raismes
0033 / (0) 32 73 29 494
www.covinor.fr

Délices du Vallon
Rue Silvard de Beaulieu BP 232
F-50500 Carentan
0033 / (0) 23 34 20 424
www.cotentin.com/cantepie

Charbonneaux Brabant
5, rue de valmy, BP 341
F-81062 Reims cedex
0033 / (0) 32 64 95 877
www.vinaigre.com

Soproval
Domain d´Amicis,
F-83500 La Seyne

Moutarde de Meaux
Pommery, F-77400 Lagry

Reine de Dijon S.A.
F-21410 Fleurey-sur-Ouche
Exklusivvertrieb Deutschland:
Develey, Unterhaching

BELGIEN

Moutarderie Belge
Rue d´Eynatten, 20,
B-4730 Raeren
Tel. 0032 / (0) 87 85 14 38
www.ladelicieuse.com

GROSSBRITANNIEN

Colman´s of Norwich
Colmans Foods, Carrow
GB - Norwich NR1 2DD

NIEDERLANDE

Gyma-DeMarne´s Fabrieke B.V.
Van der Hgoopstraat 21
NL – 9716 JL Groningen
Tel. 0031 / 50 57 70 630
www.marnemosterd.nl

Tons Mosterd
Molenstraat 68
NL-4881 CT Zundert
Distributor in Deutschland:
Raoul Rousso GmbH, Greven

Bezugsquellen

ÖSTERREICH

Lustenauer Senf Bösch GmbH
Rheinstrasse 15, A-6890 Lustenau
Tel. 0043 / (0) 55 77 / 82 077
reinhard.b@lustenauer-senf.com
www.lustenau-senf.com
Verschiedene Senfe, hergestellt nach altem Verfahren, ohne Farb- und Konservierungsstoffe und aus besten Rohstoffen.

Erich Schenkel & Sohn
Hasenauerstr. 4, A-1190 Wien
Tel. 0043 / (0) 1 / 26 71 111

SPAK – Albatros Feinkost GmbH
Mautner-Markhof-Gasse 28-32
A-1110 Wien
Tel. 0043 / (0) 1 / 74 97 481
office@spak.at, www.spak.at
Seit 1866 beliefert der ehemalige k.u.k. Hoflieferant Senfliebhaber mit feinsten Spezialitäten.

S.Spitz Ges.m.b.H.
Gmundner Str. 27
A-4800 Attnang-Puchheim
Tel. 0043 / (0) 732 / 70 97-0
www.spitz.at

SCHWEIZ

W.Beyeler AG
Paradiesrain 28,
CH-4123 Allschwil
Tel. 0041 / (0) 61 / 48 11 430
www.beyeler-ag.ch

Walter Leuenberger AG
Bernstrasse 18
CH-4950 Huttwill
Tel. 0041 / (0) 62 / 95 98 383
www.walterleuenberger.ch

Retzel (Suisse) S.A.
Route dÓllon 14-16
CH-1860 Aigle
Tel. 0041 / (0) 24 / 46 85 000
www.reitzel.ch

Rezeptregister nach Gruppen

Soweit in den Rezepten nichts anderes vermerkt ist, sind die Zutaten für vier Personen berechnet!

Rezeptregister alphabetisch